Gestão de imagem
e *personal branding*

Gestão de imagem e *personal branding*

Elaine Christine Pessoa Delgado
Giselly Santos Mendes

Rua Clara Vendramin, 58 – Mossunguê
CEP 81200-170 – Curitiba – Paraná – Brasil
Fone: (41) 2106-4170
www.intersaberes.com
editora@intersaberes.com

Conselho editorial
Dr. Ivo José Both (presidente)
Dr. Alexandre Coutinho Pagliarini
Drª Elena Godoy
Dr. Neri dos Santos
Dr. Ulf Gregor Baranow

Editora-chefe
Lindsay Azambuja

Gerente editorial
Ariadne Nunes Wenger

Assistente editorial
Daniela Viroli Pereira Pinto

Edição de texto
Arte e Texto
Monique Francis Fagundes Gonçalves
Mycaelle Albuquerque Sales

Capa
Iná Trigo (*design*)
Foxy burrow/Shutterstock (imagem)

Projeto gráfico
Allyne Miara

Diagramação
Débora Gipiela

***Designer* responsável**
Débora Gipiela

Iconografia
Naiger Brasil Imagem
Regina Claudia Cruz Prestes

Dados Internacionais de Catalogação na Publicação (CIP)
(Câmara Brasileira do Livro, SP, Brasil)

Delgado, Elaine Christine Pessoa
    Gestão de imagem e personal branding/Elaine Christine Pessoa Delgado, Giselly Santos Mendes. Curitiba: InterSaberes, 2021.

    Bibliografia.
    ISBN 978-65-89818-77-9

    1. Branding (Marketing) 2. Gestão 3. Imagem 4. Marketing – Administração 5. Marketing pessoal I. Mendes, Giselly Santos. II. Título.

21-65280   CDD-658.45

Índice para catálogo sistemático:

1. Marketing pessoal: Administração   658.45

Maria Alice Ferreira – Bibliotecária – CRB-8/7964

1ª edição, 2021.

Foi feito o depósito legal.

Informamos que é de inteira responsabilidade das autoras a emissão de conceitos.

Nenhuma parte desta publicação poderá ser reproduzida por qualquer meio ou forma sem a prévia autorização da Editora InterSaberes.

A violação dos direitos autorais é crime estabelecido na Lei n. 9.610/1998 e punido pelo art. 184 do Código Penal.

Sumário

Apresentação   9
Como aproveitar ao máximo este livro   12

1
Definição e conceituação de imagem   **16**
1.1 Imagem: definição e conceituação   19
1.2 Imagem pessoal   30
1.3 Imagem organizacional   39

2
Marketing pessoal e organizacional   **60**
2.1 Conceito de marketing pessoal   63
2.2 Competências necessárias para um marketing pessoal adequado   68
2.3 Marketing organizacional   86

3
Gestão de crise   **104**
3.1 Conceito de crise   107
3.2 Crise de imagem   115
3.3 Reputação e imagem em tempos de crise   117
3.4 Gerenciamento de crise   124
3.5 Prevenção e riscos   129
3.6 A comunicação em períodos de crise   135

4
Personal branding — 146

4.1 Definição de *personal branding* — 149
4.2 Desafios na construção da marca — 156
4.3 Diferenças e semelhanças entre marcas de produtos, serviços e pessoas — 169
4.4 Principais estratégias de *branding* — 173

5
A imagem na sociedade contemporânea e as redes sociais — 194

5.1 A imagem na sociedade contemporânea — 197
5.2 Mídias e redes sociais — 202
5.3 A imagem pessoal e profissional e a utilização das mídias e redes sociais — 212
5.4 Gestão da imagem nas redes sociais — 223

6
A imagem e o seu poder: ecossistema, criação, manutenção e planejamento estratégico — 238

6.1 O poder da imagem — 241
6.2 Análise do ecossistema pessoal — 253
6.3 Criação e manutenção da imagem pessoal — 255
6.4 Planejamento estratégico da gestão da imagem — 267

Considerações finais 285
Referências 287
Bibliografia comentada 297
Sobre as autoras 299

Apresentação

A forma como somos analisados e como nós analisamos diz muito sobre quem somos e influencia todo o ambiente ao nosso redor. Somos reconhecidos pela imagem que transmitimos, e isso acaba gerando uma preocupação que pouco tempo atrás não existia. Isso ocorre pelo fato de os meios de comunicação estarem mais evoluídos e mais céleres, mas também porque atualmente despertam o interesse de pessoas consideradas comuns, mas que buscam um posicionamento diferenciado em sua rede de contatos pelos mais diversos fatores.

Com isso, desenvolver um livro que aborde conceitos necessários para a gestão de uma imagem, seja no âmbito pessoal, seja no profissional, é uma tarefa complexa, pois incluir determinada perspectiva implica a exclusão de outros temas igualmente importantes, em virtude da impossibilidade de conseguir explanar todas as ramificações que um assunto pode apresentar.

Ao organizarmos este material, vimo-nos diante de uma infinidade de informações que gostaríamos de apresentar aos interessados nesta obra. Nesse sentido, fizemos escolhas assumindo o compromisso de auxiliar o leitor na expansão dos conhecimentos sobre o ensino da gestão de imagem e *personal branding* e a sua construção como estratégia pessoal e profissional.

Assim, a primeira decisão foi abordar os conceitos iniciais relacionados à imagem pessoal e profissional para, posteriormente, apresentarmos as formas de serem construídas e gerenciadas.

Tendo esclarecido alguns aspectos do ponto de vista epistemológico, é necessário dizer que o estilo de escrita seguido é influenciado pelas diretrizes da redação acadêmica.

Este livro, então, foi dividido em 6 capítulos. No Capítulo 1, apresentamos os conceitos iniciais relacionados à imagem pessoal e organizacional.

No Capítulo 2, demonstramos a relação existente entre o marketing e o marketing pessoal e organizacional, enfocando a importância da comunicação para esses pontos. Seguindo essa linha de raciocínio, no Capítulo 3, evidenciamos as ações a serem tomadas em situações de uma provável crise por meio de um gerenciamento adequado e ações de prevenção como forma de evitá-la ou reduzir seus efeitos.

Já no Capítulo 4, destacamos a importância do gerenciamento da marca pessoal, ou *personal branding*, os desafios enfrentados na construção da marca e as principais estratégias de *branding* a serem utilizadas.

No Capítulo 5, trouxemos uma análise da imagem na sociedade contemporânea e a influência exercida pelas mídias sociais na imagem pessoal e profissional, indicando elementos que devem ser empregados na gestão adequada desses meios.

Por fim, no Capítulo 6, abordamos o poder da imagem, demonstrando como realizar uma análise do ecossistema pessoal e como construir e manter uma imagem pessoal. Ressaltamos também que o planejamento estratégico da imagem pessoal deve ser formado por dados coerentes, claros e alcançáveis.

Assim, ao longo da obra, é possível observar diversos fatores que fazem com que um profissional tenha de se atualizar para acompanhar um mercado em constante evolução, como os diferenciais competitivos, as inovações tecnológicas, as crises etc. Com isso, asseveramos que a gestão de imagem desempenha um papel relevante para os indivíduos, as organizações e todos os envolvidos nesse processo.

A vocês, estudantes, profissionais, professores e demais interessados acerca da gestão de imagem e *personal branding*, desejamos excelentes reflexões.

Como aproveitar ao máximo este livro

Empregamos nesta obra recursos que visam enriquecer seu aprendizado, facilitar a compreensão dos conteúdos e tornar a leitura mais dinâmica. Conheça a seguir cada uma dessas ferramentas e saiba como estão distribuídas no decorrer deste livro para bem aproveitá-las.

Conteúdos do capítulo:
Logo na abertura do capítulo, relacionamos os conteúdos que nele serão abordados.

Após o estudo deste capítulo você será capaz de:
Antes de iniciarmos nossa abordagem, listamos as habilidades trabalhadas no capítulo e os conhecimentos que você assimilará no decorrer do texto.

Introdução do capítulo

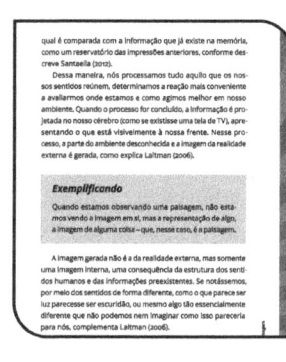

Logo na abertura do capítulo, informamos os temas de estudo e os objetivos de aprendizagem que serão nele abrangidos, fazendo considerações preliminares sobre as temáticas em foco.

Exemplificando

Disponibilizamos, nesta seção, exemplos para ilustrar conceitos e operações descritos ao longo do capítulo a fim de demonstrar como as noções de análise podem ser aplicadas.

Exercícios resolvidos

Nesta seção, você acompanhará passo a passo a resolução de alguns problemas complexos que envolvem os assuntos trabalhados no capítulo.

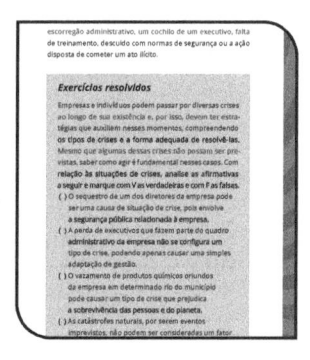

Perguntas & respostas

Nesta seção, respondemos a dúvidas frequentes relacionadas aos conteúdos do capítulo.

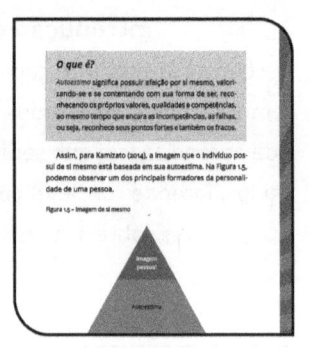

O que é

Nesta seção, destacamos definições e conceitos elementares para a compreensão dos tópicos do capítulo.

Para saber mais

Sugerimos a leitura de diferentes conteúdos digitais e impressos para que você aprofunde sua aprendizagem e siga buscando conhecimento.

Síntese

Ao final de cada capítulo, relacionamos as principais informações nele abordadas a fim de que você avalie as conclusões a que chegou, confirmando-as ou redefinindo-as.

Estudo de caso

Nesta seção, relatamos situações reais ou fictícias que articulam a perspectiva teórica e o contexto prático da área de conhecimento ou do campo profissional em foco com o propósito de levá-lo a analisar tais problemáticas e a buscar soluções.

Bibliografia comentada

Nesta seção, comentamos algumas obras de referência para o estudo dos temas examinados ao longo do livro.

Bibliografia comentada

AFONSO, C.; ALVAREZ, S. **Ser digital:** como criar uma presença online marcante. Portugal: Casa das Letras, 2020.
A transformação digital é uma realidade, e os autores descrevem em seu livro como ela influencia a comunicação, os negócios e a sociedade em um meio que só cresce. Explicam que atualmente existe a Identidade digital, a qual precisa de uma reputação digital de marca, que abrange não apenas empresas, mas pessoas que querem se destacar de alguma forma e que precisam de uma presença on-line marcante. Esse livro é indicado não apenas para as pessoas que pretendem iniciar sua vida digital, mas também para aqueles que já a iniciaram e buscam consolidar sua imagem nesse meio.

CARDIA, W. **Crise de imagem e gerenciamento de crises:** os conceitos e os meios necessários para compreender os elementos que levam às crises e como administrá-las.

1 Definição e conceituação de imagem

Conteúdos do capítulo:

» Definição e conceituação de imagem.
» Imagem pessoal.
» Imagem organizacional.

Após o estudo deste capítulo, você será capaz de:

1. definir imagem;
2. descrever imagem pessoal;
3. explicar o que é imagem organizacional;
4. identificar a importância da cultura organizacional para a sua imagem;
5. diferenciar imagem, identidade e reputação;
6. compreender a necessidade da comunicação para a imagem organizacional.

Neste capítulo conheceremos o que vem a ser *imagem* e como ela pode ser conceituada e estabelecida. Descreveremos a imagem pessoal e sua relação com elementos como a autoestima e a forma de se vestir e se comportar. Analisaremos a importância da cultura organizacional para a formação da sua imagem entre os diversos atores, diferenciaremos a imagem da identidade e da reputação, mostrando os principais pontos entre elas, e evidenciaremos a necessidade da comunicação para o sucesso da imagem organizacional.

Introdução do capítulo

A imagem faz parte de todo o nosso dia a dia e, atualmente, assume um lugar de destaque pelo fato de estarmos em um mundo cada vez mais visual, pois a todo instante estamos observando algo, seja fisicamente, seja mentalmente, seja até mesmo por meio de sons. As pessoas passaram a observar mais e a exigir mais daquilo que estão vendo.

Contudo, existe uma subjetividade associada à definição da imagem, motivo por que cada pessoa pode enxergar algo de uma forma diferente. Isso pode acontecer com qualquer tipo de imagem, razão por que hoje em dia tem se falado bastante na importância de se ter uma boa imagem pessoal e organizacional.

Precisamos pensar na imagem que estamos passando às pessoas, mas não apenas isso. É necessário também verificar se essa mensagem está refletindo realmente o que somos e o que queremos passar para os outros, pois ela tem o poder de transmitir confiança e credibilidade, ou o contrário, caso seja analisada de forma incorreta.

1.1 Imagem: definição e conceituação

A palavra *imagem* pode ser aplicada a várias realidades, não apenas àquelas visuais que costumamos observar, ou seja, não há apenas uma definição específica para ela.

A imagem compõe um dos materiais intelectuais mais fundamentais do homem, sendo capaz de influenciar e direcionar o comportamento deste, informa Kunsch (2009).

O Dicionário On-Line de português (2021c) traz diversas definições para o termo *imagem*, como "Representação de uma pessoa ou uma coisa pela pintura, escultura, desenho etc." ou "Reprodução visual de um objeto dada por um espelho, um instrumento de óptica", ou até mesmo "Representação mental de um conceito, ideia, algo que está no âmbito do abstrato", dentre outras distintas descrições.

Damásio (2000, p. 24-25) conceitua imagem da seguinte forma:

> Imagem designa um padrão mental em qualquer modalidade sensorial, como, por exemplo, uma imagem sonora, uma imagem tátil, a imagem de um bem-estar. Essas imagens comunicam aspectos das características físicas do objeto e podem comunicar também a reação de gostar ou não gostar que podemos ter em relação ao um objeto, os planos referentes a ele que podemos ter ou a rede de relações desse objeto em meio a outros objetos.

Já Marchiori (2013) define *imagem* como um conjunto de significados que fazem com que um objeto seja conhecido e que o indivíduo aproveita para explicá-lo, relembrá-lo e com ele se relacionar.

A partir do momento que olhamos para um objeto, conseguimos enxergar uma imagem nele e criar em nossa mente uma lembrança relacionada com esse determinado objeto. Estabelecemos, assim, um tipo de inter-relação entre o objeto e a nossa percepção mental sobre a imagem existente.

Segundo Areal (2012, p. 60) "uma imagem é sempre uma representação de qualquer outra coisa", ou seja, um processo de mediação no qual existe uma representação de um referente ou a imagem de algo, tornando-se uma maneira de comunicar a outra pessoa aquilo que estamos enxergando ou o processo inverso, receber de outros aquilo que eles enxergam, pensam ou imaginam. Assim, *imagem*, como mostra a Figura 1.1, é aquilo que está no espaço de alguma coisa, representando algo.

Figura 1.1 – Conceituação de imagem

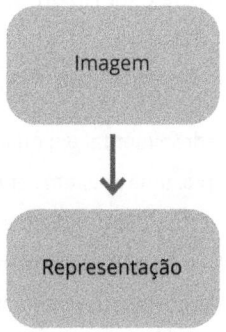

Os sentidos atuam como sensores, cada um com reações diferentes a essa pressão, dependendo da formação do sensor, ou seja, o sentido da visão invoca uma reação à luz, à escuridão e às cores; o sentido da audição invoca sons; o olfato, odores; o paladar, sabores; e o tato, sensações como macio, duro quente, frio. Essa reação é repassada ao controle do cérebro, no qual é comparada com a informação que já existe na memória, como um reservatório das impressões anteriores, conforme descreve Santaella (2012).

Dessa maneira, nós processamos tudo aquilo que os nossos sentidos reúnem, determinamos a reação mais conveniente a avaliarmos onde estamos e como agimos melhor em nosso ambiente. Quando o processo for concluído, a informação é projetada no nosso cérebro (como se existisse uma tela de TV), apresentando o que está visivelmente à nossa frente. Nesse processo, a parte do ambiente desconhecida e a imagem da realidade externa é gerada, como explica Laitman (2006).

Exemplificando

Quando estamos observando uma paisagem, não estamos vendo a imagem em si, mas a representação de algo, a imagem de alguma coisa – que, nesse caso, é a paisagem.

A imagem gerada não é a da realidade externa, mas somente uma imagem interna, uma consequência da estrutura dos sentidos humanos e das informações preexistentes. Nessa perspectiva, poderíamos ter uma percepção sensorial diferente, entendendo a luz como escuridão ou mesmo como algo tão essencialmente diferente que não conseguiríamos imaginar sua aparência, complementa Laitman (2006).

Os vários sentidos da imagem originaram-se no termo grego *eikon*, que compreende todos os tipos de imagem, de pinturas a ilustrações de um selo, bem como imagens sombreadas, apresentadas como naturais e espelhadas, denominadas *artificiais*.

Para Santaella e Nöth (2020), o conceito de imagem se decompõe em um campo semântico estabelecido por dois polos opostos: um apresenta a imagem direta, aquela que percebemos ou mesmo existente. O outro envolve a imagem mental simples, que, na carência de estímulos visuais, pode ser invocada.

As imagens mentais são empregadas não exclusivamente para o reconhecimento de objetos, mas também para a comunicação entre as pessoas. Por isso, é uma propriedade das imagens serem compartilhadas socialmente, isto é, apesar de, no detalhe, cada indivíduo desenvolver uma imagem única de determinado objeto, essa imagem é, de modo mais grosseiro, idêntica para um grupo grande de pessoas, o qual forma uma subcultura qualquer. Assim, os grupos sociais dos quais um indivíduo faz parte influenciam bastante no desenvolvimento das imagens que ele fará dos objetos de seu mundo, sendo essa influência responsável por grande parte das ideias que serão reunidas a cada uma de suas imagens mentais, informa Kunsch (2009).

Podemos então encontrar, segundo Areal (2012), distintos tipos de imagem, em outras palavras, níveis de imagem, visto que se referem a um mesmo objeto:

» Imagem direta ou reprodução, com um referente real e alcançada por meio de um dispositivo, sendo essa a ocorrência mais comum.
» Imagem criada ou fantasia, sonho, representável de diversas maneiras: literária, pictural, fotográfica, entre outras.
» Imagem interpretada, que não indica a imagem em si, mas a forma como ela é vista, observada e semantizada por outrem. Essa é a imagem mental, subjetiva e individual.

Dessa forma, quando pensamos e refletimos sobre esses pensamentos, ou assistimos a algo, ou sonhamos, ou observamos alguma coisa ou até nós mesmos no espelho (Figura 1.2), tudo isso está sendo representado por meio de uma imagem.

Figura 1.2 – Representação nos espelhos

Pretty Vectors/Shutterstock

Santaella e Nöth (2020) dividem o mundo das imagens em dois domínios:

1. O domínio como representações visuais, que compreende os objetos materiais, signos que reproduzem o nosso meio ambiente visual, ou seja, aquilo que nós vemos, como desenhos, pinturas, fotografias, entre outros.
2. O domínio imaterial, das imagens em nossa mente, na qual estas aparecem como visões, fantasias, imaginações, como representações mentais, aquilo que está presente na nossa mente.

Contudo, esses dois domínios estão interligados, pois um não existe sem o outro, isto é, não existem imagens, como representações visuais, que primeiramente não tenham aparecido como imagens na mente do indivíduo que a produziu, assim como não existem imagens mentais que não tenham se originado no mundo real dos objetos visuais, explicam os autores (Santaella; Nöth, 2020).

Santaella (2012) ainda cita que existem autores que acrescentam mais domínios, chegando a cinco, que abrangem também:

» O domínio das imagens verbais estabelecidas por meios linguísticos, como metáforas e descrições.
» O domínio das imagens ópticas, como espelhos e projeções.

A autora ainda inclui outro domínio, chamado *imagens diretamente perceptíveis*, que trata das "imagens que apreendemos do mundo visível", ou seja, "aquelas que vemos diretamente da realidade em que nos movemos e vivemos" (Santaella, 2012, p. 133-134).

Figura 1.3 – Domínios

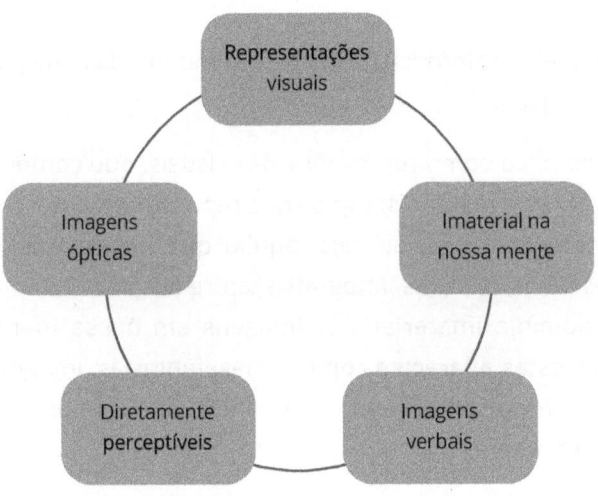

Essas imagens diretamente perceptíveis estão associadas às teorias que tratam da percepção visual, por isso se relacionam mais às formas como a percepção acontece do que às imagens em si mesmas. Já as imagens verbais possuem seu espaço de análise na literatura e nas imagens exibidas, na engenharia, na arquitetura. "Ademais, seja qual for o grau de fidelidade (ao objeto percebido), os padrões neurais e as imagens mentais correspondentes são criações do cérebro tanto quanto produtos da realidade externa que levou à sua criação" (Damásio, 2000, p. 405).

Exercícios resolvidos

O conceito de imagem pode ser estabelecido por dois polos opostos, um representando a imagem direta, que é aquela que percebemos, e o outro compreendendo a imagem mental, ou seja, aquela que invocamos na nossa mente ou imaginação. Elas podem ainda ter diferentes níveis, assim como vários domínios. Com relação aos domínios das imagens, analise as assertivas a seguir:

I. O domínio das imagens verbais é determinado por meio da utilização de mecanismos que não tenham se originado do mundo real, como as histórias em quadrinhos.

II. O domínio das imagens ópticas compreende todas as imagens que vemos, como figuras, desenhos, gravuras, ou até mesmo os filmes, sejam essas imagens animadas ou não.

III. Fazem parte do domínio imaterial das imagens todas aquelas representações mentais que estão presentes na nossa mente, como visões ou fantasias, por exemplo.

IV. O domínio como representações visuais abrange aquilo que vemos e também o que não vemos, mas que está guardado em algum lugar da nossa memória.

Está(ão) correta(s) a(s) assertiva(s):

a) I e II.
b) II e IV.
c) II e III.
d) III, apenas.
e) I, III e IV.

GABARITO: D

***Feedback* do exercício em geral**: O domínio das imagens pode ocorrer de várias formas. Os verbais podem ser compreendidos pelos meios linguísticos, como no caso das metáforas, ou seja, constituímos o entendimento por meio do que foi falado e raciocinamos sobre isso. O domínio das imagens ópticas compreende aquelas que são projetadas, como a imagem que vemos pelo espelho. O domínio como representações visuais compreende os objetos materiais, ou seja, aquilo que nossos olhos enxergam. O domínio imaterial das imagens são as representações mentais, aquelas que estão na nossa memória e conseguimos reproduzir. Assim, apenas a assertiva III está correta.

As imagens são chamadas de *representações* pelo fato de serem desenvolvidas e produzidas pelos seres humanos nas sociedades em que vivem. É claro que elas também são imagens percebidas, mas diferem daquelas designadas como *perceptivas* porque, nessa situação, é a nossa percepção que faz o mundo visível naturalmente aparecer a nós como imagem, enquanto as representações visuais são artificialmente desenvolvidas, precisando, para isso, da mediação de habilidades, de instrumentos, suportes, técnicas e mesmo de tecnologias, esclarece Santaella (2012).

> Parece-me aqui fulcral diferenciar o conceito imagem em função de quem a vê. Pois há o risco, muito comum, de tomarmos como imagem aquilo que podemos ver, aquilo que os nossos olhos podem ver – seja uma paisagem, ou uma pintura em duas dimensões (que não são imagens, pois não são representações); é claro que eu posso olhar uma coisa e ver uma imagem que não é exatamente a coisa que lá está, ou a imagem que lá está, que por sua vez é um resultado que alguém fabricou e viu de forma também descoincidente. (Areal, 2012, p. 73)

Como representações visuais, as imagens podem ser registradas de forma manual (Figura 1.4) sobre uma superfície, pelo emprego de instrumentos como lápis, pincel, tintas, entre outros. Elas podem também ser capturadas por meio de recursos óticos, como espelhos, lentes, telescópios, microscópios, câmeras.

Figura 1.4 – Imagens de forma manual

As imagens ainda podem se apresentar como fixas, em movimento e animadas. A imagem fixa é aquela congelada, contrapondo-se assim à imagem em movimento, que constitui a mudança da posição espacial de uma imagem ou de uma sucessão de imagens no transcursar do tempo. Ainda que a imagem animada possa ser utilizada como sinônimo de *imagem em movimento*, seu uso tem sido mais habitual no campo da imagem digital, no qual o processamento computacional aumentou rapidamente a manipulação de imagem a imagem, provocando uma verdadeira coreografia de formas dinâmicas, explica Santaella (2012).

Areal (2012) ainda classifica alguns tipos de imagens mentais, que são:

» A imagem no espelho, a qual, a partir do momento em que nos observamos, representamos, ou seja, nos vemos como julgamos que somos ou como queremos ser.

- » As imagens no texto literário, que são aquelas traduzidas pelo autor.
- » As imagens no momento da escrita, as quais pertencem ao domínio da imaginação ou da recordação.
- » As imagens no sonho, que é formado por imagens visuais mediante sensações, sons e emoções.
- » A imagem sonora, que decorre do sucessivo sonoro do dia a dia.
- » A imagem ótica, que é estabelecida por meio de um dispositivo auditivo.

Exemplificando

Quando estamos escutando um jornal ou uma propaganda no rádio, não conseguimos enxergar nenhuma imagem a não ser a própria imagem do rádio em si.

Mas, ao escutar um programa de rádio, seja propaganda, seja qualquer outro tipo relacionado ao som, podemos fazer uma representação mental da imagem. Por exemplo, imaginamos como o refrigerante está sendo aberto apenas pelo som emitido na propaganda.

Desse modo, podemos considerar que a imagem é um elemento incompleto, por ser receptivo e variável, sempre suscetível de alterações e acréscimo de novas informações, podendo modificar ou não o seu significado simbólico dependendo da maneira e da persistência em que são expressas essas novas informações e como são recebidas e alcançadas. Nessa perspectiva, a imagem pode ser considerada um processo cognitivo, formada pela razão e pela imaginação, com aspectos lógicos e intuitivos, desenvolvidos por meio de um movimento de natureza racional em um universo simbólico, descrevem Carrieri, Almeida e Fonseca (2004).

1.2 Imagem pessoal

A imagem pessoal, assim como o simples conceito de imagem, pode ser observada de acordo com várias perspectivas, não possuindo um conceito único predefinido.

Imagem não é tudo, mas, sem dúvida, ela diz muito sobre o indivíduo. Reconhecer a imagem que uma pessoa exterioriza é mais complexo do que parece, pois ver a si mesmo precisamente como os outros o veem é impossível, menciona Davidson (2000).

Conforme Mazulo e Reis (2020), temos a ideia de que imagem significa adotar e se vestir de acordo com convenções sociais que são determinadas para cada momento. Algumas pessoas vão um pouco mais além e adotam um estilo de roupa e certos comportamentos que fazem com que se insiram em um nicho ou sejam aceitas em determinados grupos sociais. Contudo, o conceito de imagem é mais amplo, especialmente quando consideramos como as pessoas se apresentam no cotidiano.

Para Kamizato (2014), a imagem pessoal é a maneira como você se expressa para outras pessoas, revelando o que tem de si mesmo, sua beleza, seu conforto. Quando o indivíduo está bem consigo, acaba passando para as pessoas à sua volta várias informações, como autoconfiança, autoestima e segurança por meio de sua personalidade própria.

O que é?

Autoestima significa possuir afeição por si mesmo, valorizando-se e se contentando com sua forma de ser, reconhecendo os próprios valores, qualidades e competências, ao mesmo tempo que encara as incompetências, as falhas, ou seja, reconhece seus pontos fortes e também os fracos.

Assim, para Kamizato (2014), a imagem que o indivíduo possui de si mesmo está baseada em sua autoestima. Na Figura 1.5, podemos observar um dos principais formadores da personalidade de uma pessoa.

Figura 1.5 – Imagem de si mesmo

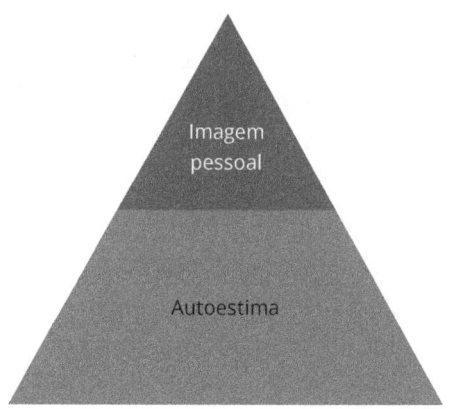

Dessa forma, quando observamos uma pessoa na rua e começamos a traçar um conceito sobre ela, não estamos falando ainda sobre sua imagem pessoal, pois não a conhecemos, tampouco conversamos com ela; estamos apenas fazendo um pré-julgamento a respeito dessa pessoa.

A imagem visual que você apresenta nos primeiros dez segundos a uma pessoa que o observa pela primeira vez é o suficiente para que ela extraia todas as conclusões sobre você fundamentada em sua aparência pessoal, entende Aguiar (2003).

Mazulo e Reis (2020) explicam que a imagem visual é importante, pois se esta não se apresentar de forma agradável, pode impedir a possibilidade de aproximação. O desleixo, a comunicação errada e o vestuário inapropriado podem evitar que a essência seja demonstrada, assim como valores, competências e personalidade. Mas, quando a imagem é positiva, pode-se ter uma aproximação adequada, informa o autor.

Quanto mais você gosta de si mesmo e mais se aceita, mais elevada será a sua autoestima, fazendo com que sua personalidade seja desenvolvida com mais facilidade, relata Kamizato (2014).

A imagem positiva surge da autoconfiança, de acreditar e confiar em si. Quem domina essa projeção é a autoestima, é ela que nos sustenta em pé, firmes, e nos dá a prazerosa possibilidade de viver em sociedade sem medos ou reservas, como se todos ao nosso redor pudessem, a todo momento, tomar o nosso lugar. A autoestima nos faz confiar em nossa capacidade de viver, conviver e acrescentar valor a quem está por perto, sem enxergá-los como ameaça, mas sim como parceiros de vida, de profissão, demonstram Mazulo e Reis (2020).

A imagem pessoal transmite a maneira como agimos e nos exteriorizamos, a forma como exibimos ao mundo quem realmente somos, e isso inclui:

» a forma de vestir;
» o modo de se expressar;
» a maneira de se comportar;
» a personalidade;
» o modo de viver e de se apresentar à sociedade, entre outros fatores.

Essa imagem apresentada está associada ao comportamento dos indivíduos e passa uma informação sobre nós – tanto da perspectiva que temos de nós mesmos quanto da que outras pessoas têm sobre nós – e sobre a forma como lidamos com determinadas situações, auxiliando-nos na consecução dos objetivos.

Lenzi, Kiezel e Zucco (2010) lembram que todos os dias, a partir do momento em que saímos de casa, estamos demonstrando nossa imagem pessoal para colegas, vizinhos, clientes, pessoas com as quais convivemos diariamente, pois a cada contato que temos, estamos construindo uma imagem.

A comunicação verbal acontece quando falamos, e a visual acontece o tempo todo, seja pela roupa que usamos, seja por nossos gestos e expressões. São mensagens que transmitimos a nosso respeito como docilidade, agressividade, simplicidade, sofisticação ou distanciamento, informa Aguiar (2003).

Contudo, muitas pessoas não demonstram ser quem realmente são, criando, muitas vezes, um tipo de personagem para poder se adequar a alguma situação específica ou ser aceita em determinado espaço. Dessa forma, não existe uma imagem pessoal fidedigna, e sim uma espécie de farsa.

Davidson (2000) entende que cultivar a imagem significa determinar e se concentrar mais atentamente àquilo que se é de verdade, devendo o indivíduo ser autêntico e genuíno, não mascarando aspectos de sua personalidade.

Nossas atitudes para com os outros fundamentalmente refletirão sobre nós em alguma ocasião. O julgamento da imagem é intrínseco ao ser humano, até mesmo sobre nós mesmos. O que nos distingue é a maneira como fazemos isso e, sobretudo, como interpretamos essas mensagens, explicam Mazulo e Reis (2020).

Palmeira (2014) esclarece que sua imagem deve ser a principal parceira na busca de seus propósitos de vida. Para obter uma boa impressão, você deve observar diversos aspectos e responder a algumas questões, como:

» Como quero ser visto?
» Minha imagem condiz com quem eu sou?
» Meu corpo e meus gestos comunicam adequadamente o que eu quero para alcançar meus objetivos?

Respondendo a essas perguntas, você definirá objetivamente um programa de aprimoramento de sua imagem pessoal, fazendo dela uma ferramenta poderosa na conquista de vitórias na vida social e no mundo corporativo, informa Palmeira (2014).

Com essas perguntas, também podemos entender que três pontos são essenciais para a formação ou o aprimoramento da imagem, que são a aparência, o comportamento e a comunicação, como mostra a Figura 1.6.

Figura 1.6 – Aprimoramento da imagem

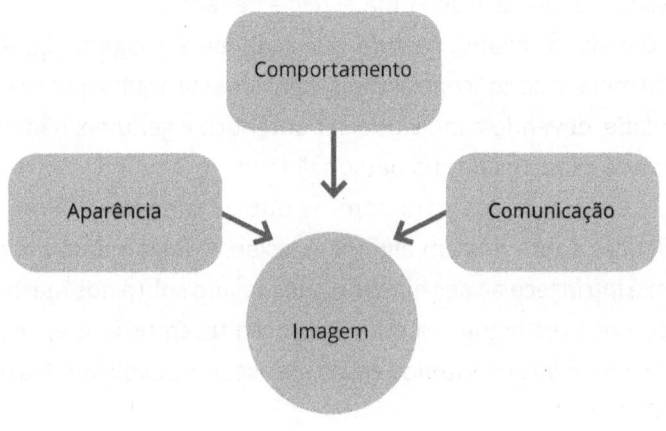

A forma como falamos, o tom de voz, a pronúncia e as expressões utilizadas dizem muito a nosso respeito, contudo, a comunicação mais abordada com relação à imagem pessoal se trata da comunicação não verbal, sendo esta realizada, como já mencionamos anteriormente, por meio de gestos, postura corporal, expressões faciais, assim como pela forma de vestir, a qual deve estar alinhada com a comunicação verbal que desejamos transmitir.

Exercícios resolvidos

A imagem pessoal tem grande importância e transmite muito sobre o indivíduo e sobre o seu estado atual – por meio do olhar, da postura, da forma de falar, de seu estado emocional ou de qualquer outro fator que cause influência e altere a percepção da outra pessoa com relação a esse indivíduo. No que diz respeito à imagem pessoal, assinale a alternativa **incorreta**:

a) A construção de imagem de acordo com o esperado pode trazer segurança, alcance dos objetivos almejados e uma melhor comunicação com as outras pessoas.

b) Nosso corpo não consegue expressar com fidelidade nossas atitudes mentais, pois, quando estamos com algum problema, sempre poderemos fazer de conta que nada está acontecendo e não passar essa imagem para as outras pessoas.

c) Pequenos detalhes na vestimenta de uma pessoa podem fazer grande diferença no resultado, pois, de acordo com o ambiente que se frequenta, deve-se utilizar trajes adequados a cada ocasião.

d) Quando se sabe transmitir a imagem de forma adequada, a personalidade é criada com mais facilidade e colocada em destaque passando para as pessoas ao redor autoconfiança e segurança.

e) A forma de caminhar deixa transparecer muita coisa sobre as pessoas, como falta de disposição, má postura e demonstração de tormento por algum problema.

GABARITO: B

***Feedback* do exercício em geral**: Nosso corpo expressa com realismo nossas atitudes mentais, tornando assim a linguagem verbal complicada, pois, por mais que uma pessoa tente não deixar transparecer algum problema ou alguma situação complicada que estiver passando, não conseguirá esconder completamente. Entretanto, a forma de se vestir, de caminhar, demonstra muito sobre a imagem pessoal do indivíduo, e quando esta imagem é desenvolvida de forma adequada, traz consigo confiança e segurança. Por isso, devemos nos preocupar com vários aspectos na construção da nossa imagem, utilizando vestimentas adequadas, caminhando com segurança e tendo boa postura, para que assim possamos transmitir uma melhor comunicação e criar uma personalidade com mais facilidade.

Nossos comportamentos muitas vezes estão ligados à nossa linguagem corporal, pois por meio dela é utilizada, mesmo que inconscientemente, um tipo de linguagem não verbal na qual se demonstra o que o indivíduo realmente está pensando ou sentindo em determinada situação, esclarece Palmeira (2014).

Quando estamos passando por uma situação difícil ou muito triste, mesmo que tentemos disfarçar, alguém sempre perceberá; o mesmo acontece quando estamos diante de uma alegria imensa. Nesses momentos, a imagem pessoal transmitida será aquela demonstrada pela nossa linguagem não verbal.

Palmeira (2014) explica que nosso corpo expressa com realismo nossas atitudes mentais, o que torna a linguagem não verbal algo complicado, pois, sendo uma via de mão dupla e considerada dentro de um contexto de nosso relacionamento interpessoal, pode ser uma arma de defesa ou uma armadilha, dependendo do prisma em que se apresenta. Com isso, o autor cita algumas situações que interferem na nossa imagem e às quais devemos ter atenção:

» **Aperto de mão** – É de extrema importância para a imagem que se quer projetar, pois revela muito sobre a personalidade. O simples aperto de mão pode demonstrar insegurança, desprezo, alegria, entre outros sentimentos.
» **Formas de caminhar** – Deve-se adotar uma postura adequada, pois quem é confiante caminha com passos firmes e decididos e ombros no lugar correto. Pela forma de caminhar pode-se transparecer cansaço, desânimo ou tormento.
» **Formas de olhar** – Os olhos são considerados as janelas da alma. Por meio deles podem ser expressos diversos sentimentos, como raiva, alegria, autoconfiança, firmeza, mentira.
» **Posturas corporais** – A posição dos braços quando estamos de pé traz revelações sobre a personalidade, pois, por exemplo, os braços cruzados demonstram um estado de "defensiva", as mãos no bolso, insegurança, e as mão na cintura, falta de classe. Ao sentar-se (Figura 1.7), é preciso sempre ter cuidado com os pés e com a postura.

Figura 1.7 – Forma não recomendada de se sentar

A forma de se vestir diz muito sobre a imagem que se quer transmitir. Algumas pessoas adotam um estilo próprio, seguindo padrões determinados por elas mesmas ou até mesmo por certos grupos.

Palmeira (2014) afirma que nós aproveitamos a linguagem corporal para dar vida aos nossos personagens e as vestimentas para transformá-los em reais. Assim, devemos ser sempre elegantes e possuir o nosso próprio estilo, comportando-nos de acordo com a situação e usando vestimentas apropriadas e compatíveis com cada ocasião. A roupa é o elemento que evidencia, no primeiro contato, se você está ou não integrado ao seu próprio círculo social e profissional, fazendo com que pequenos detalhes tragam uma grande diferença no resultado.

Sendo assim, Palmeira (2014) menciona que a imagem pessoal deve estar fundamentada em quatro princípios:

1. **Equilíbrio** – Não devem existir excessos nem se deve abusar de nenhum detalhe.
2. **Bom senso** – Deve-se procurar se vestir para ficar bonito e alcançar os objetivos.
3. **Adequação** – O traje deve estar adequado com a hora, o local e as circunstâncias.
4. **Elegância** – Ser elegante não é questão de dinheiro, e sim de bom gosto.

Mas não devemos nos esquecer de que o mundo em que vivemos é semelhante a um espelho, no qual as pessoas ao nosso redor reagem de acordo com o que estamos representando. Ser elegante é comportar-se adequadamente e saber vestir o corpo com a roupa certa, não esquecendo de conviver com seus pares em perfeita harmonia, destaca Palmeira (2014).

1.3 Imagem organizacional

A imagem organizacional é considerada um campo fundamental para o sucesso de qualquer empresa, devendo ser analisada de forma criteriosa, pois um simples descuido pode provocar sérios prejuízos aos negócios. Essa imagem pode ser compreendida de várias formas e envolve vários elementos.

O desenvolvimento e a solidificação de uma organização no mercado dependem legitimamente daquilo que seus públicos têm em mente sobre ela. Só se tornam públicos promissores às empresas aqueles que possuem um bom conceito e uma boa imagem delas, tendo confiança em obter seus bens e serviços e, por conseguinte, disseminam às outras pessoas o quão satisfatório é poder confiar e ter bons resultados naquilo que se apresenta ao consumidor, menciona Silva (2008).

Schuler (2004) define a imagem da organização como o modelo mental desenvolvido por todos os atores envolvidos, os quais a representam quando pensam nela, sendo composta de informações que são recebidas e organizadas individualmente sobre a organização.

A imagem organizacional, para Oshiro (2016), é descrita como as impressões de um conjunto de diferentes símbolos que observadores internos e externos da empresa têm à disposição.

Conforme Kunsch (2003, p. 170), "imagem é o que passa na mente dos públicos de uma organização, no seu imaginário". Isso se refere à forma como uma organização ou personalidade é conhecida por seus públicos-alvo.

> A imagem corporativa refere-se a uma impressão vivida e holística de uma organização, sustentada por determinado segmento de público; parte, resultado de um processo de construção de sentido, desenvolvido por esse determinado público e, outra parte, resultado do processo de comunicação da organização, formal ou informal, com maior ou menor controle, sistematizado ou não, constante ou esporádico, bem ou mal gerenciado. (Carrieri; Almeida; Fonseca, 2004, p. 27)

Dessa forma, a imagem é um conjunto de informações pelas quais se distingue algo, podendo ser a personalidade, uma organização ou um objeto. É por meio dela que os indivíduos fazem definições, ordenam suas memórias e constituem os mais variados vínculos. Ela deriva de experiências, ideias e expressões, entre outros fatores, que um indivíduo possui sobre alguma coisa ou alguém, entende Kunsch (2003).

Para Coutinho e Leal (2009, p. 69), "a imagem da organização está relacionada ao valor agregado à sua marca e à qualidade dos produtos ou serviços, e vice-versa". A forma pela qual uma empresa se exibe não pode se separar da qualidade dos seus produtos ou marcas, porque eles possuem uma relação direta entre si.

Assim, podemos entender que o conceito positivo da imagem organizacional (Figura 1.8) envolve vários elementos, como a própria empresa (sua marca e qualidade de produtos/serviços oferecidos), levando em conta o relacionamento com seus *stakeholders*, ou seja, com os clientes, os funcionários, os fornecedores e até mesmo a mídia.

Figura 1.8 – Conceito positivo da imagem

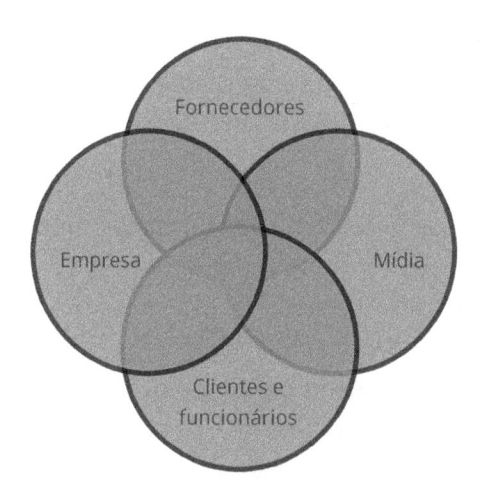

Almeida (2007) destaca que a característica comum dos variados significados do conceito mais abrangente de imagem, que é exatamente a possibilidade de interpretá-la de maneira pessoal a partir das percepções e valores prévios de cada indivíduo, pode ser também direcionada à perspectiva organizacional da imagem.

Já Quinteiro (2006) lembra os ensinamentos de Tereza Halliday, a qual afirma que a imagem organizacional trata-se de uma conjunção de imagens indissociáveis e entremeadas nas seguintes proporções:

» **Imagem espacial** – Compreende o local em que a empresa se situa, como o espaço físico e econômico, e atributos como ordem, segurança, limpeza, entre outros.
» **Imagem temporal** – Abrange os aspectos históricos da empresa, como o que ela fez e o que é capaz de fazer.
» **Imagem relacional** – Engloba questões a respeito de como a empresa é observada pelo indivíduo, pela cidade, pelo estado ou pelo país.
» **Imagem personificada** – Inclui os papéis desempenhados pelos componentes da organização com os quais o público externo interage.

As pessoas que fazem parte dos variados grupos de interesse para as organizações – clientes, concorrentes, fornecedores, colaboradores e poderes públicos – vão desenvolver, cada uma na sua individualidade e de acordo com as crenças culturais de seus grupos de referência (categoria profissional, classe social, cultura da região em que residem), uma imagem própria da organização, de suas marcas e de seus produtos. Os públicos das organizações compõem suas imagens por meio de percepção e forma próprias de lidar com as informações. Eles recebem informações das mais diversas fontes, das quais poucas são controladas pela organização, e produzem seus modelos mentais conforme seus estilos de processamento das informações, os quais são diferentes em cada indivíduo, em cada cultura, explicita Kunsch (2009).

Desse modo, enfatizamos a importância de se realizar uma análise da cultura da empresa estabelecendo relação com a imagem organizacional, pois a gestão do público interno de uma empresa é essencial para a formação e a conservação de uma adequada imagem entre seus diversos *stakeholders*.

Assim, Almeida (2007, p. 26) afirma que "a imagem é a representação da cultura organizacional, à medida que expressa os valores e ideais existentes na organização, informando-os para seus *stakeholders* e para a sociedade em geral".

Mas é preciso ter em mente que a imagem não é formada apenas pelos elementos que constituem a cultura organizacional. Ela vai muito mais além, pois é constituída pela apresentação de uma resposta compreensível quanto às perspectivas do público externo em relação ao desempenho organizacional.

Figura 1.9 – Resposta compreensível quanto às perspectivas

fizkes/Shutterstock

Couto e Macedo-Soares (2004) afirmam que a imagem de uma organização retrata a percepção total do seu público sobre:

» as pessoas que a compõem;

- » seus processos, métodos e instalações;
- » a eficiência com que emprega insumos não renováveis;
- » sua preocupação com os processos sustentáveis;
- » os bens materiais e serviços que ela proporciona;
- » sua atitude em relação aos empregados e acionistas, à lei, aos interesses públicos, aos clientes, consumidores ou usuários de seus produtos;
- » seu relacionamento com as comunidades circunvizinhas;
- » o respeito que dedica ao ecossistema onde vive e desenvolve suas ações.

Em um era como a que vivemos, em que todos buscam uma forma de se expressar ou são chamados a dar uma opinião sobre tudo, dispondo, até mesmo, de abastecidos meios para isso, investir em imagem é questão de sobrevivência, lembra Martinuzzo (2013).

Uma organização que não investe em uma imagem adequada acaba não alcançando a credibilidade esperada por seus clientes, não consegue conquistar a fidelidade deles, tampouco sua confiança. Por essa razão, a organização deve sempre avaliar e melhorar sua imagem, pois a opinião do público é essencial para o seu crescimento.

É preciso ter em mente que as pessoas e as organizações vão fazer um juízo de valor de acordo com sua maneira de agir em relação a elas conforme a imagem que possuir delas, e não apenas pelo que elas são, esclarece Kunsch (2009).

Por esse motivo, faz-se necessário que as organizações observem como sua imagem é percebida pelo seu público externo, analisando as possíveis falhas, procurando aperfeiçoar sua imagem e se adequar ao que é esperado dela.

Segundo Martinuzzo (2013), a imagem é analisada como uma percepção da identidade, isto é, uma representação erguida e atualizada diariamente com base no que uma organização é e na comunicação que se desenvolve em relação a essa realidade, tendo sempre em vista os públicos de interesse. Esses públicos possuem autonomia para construir opinião sobre qualquer coisa, até mesmo sobre as instituições com as quais conservam algum vínculo, e para fazer uso da razão e da emoção, fortalecidas por suas experiências pessoais ou comunicacionais com as organizações e, seguramente, acrescentadas das opiniões de terceiros.

O efetivo gerenciamento da identidade colabora para a constituição de uma imagem corporativa vantajosa e, no decorrer do tempo, de uma reputação positiva. Isso quer dizer que há uma relação de confiança, admiração e estima dos *stakeholders* pela organização, informa Marchiori (2013).

> ### *O que é?*
>
> *Identidade organizacional* se refere a um entendimento comum dos colaboradores de uma organização a respeito de suas características reconhecidas como centrais e prolongadas, as quais basicamente a diferenciam de outras organizações.

Para Melo (2012), a identidade é um conjunto de traços materiais da organização representados por seu nome ou sua marca, logotipo, produtos, serviços, *slogans*, instalações e vários outros elementos considerados, na maior parte, como tangíveis, que podem desenvolver alguma diferenciação entre o universo de elementos, assim constituído, e o de outra organização. Já a imagem é a percepção que cada público possui desse conjunto de elementos.

Assim, a imagem de uma organização é a forma como os mais variados públicos associam e organizam esses elementos tangíveis, estabelecendo assim uma percepção.

Marchiori (2013) explica que a identidade é um procedimento que recebe influência não exclusivamente dos componentes da organização, mas também de outros membros de seus grupos de relacionamento, o que, em certo sentido, difere da cultura, por esta receber maior influência interna. Contudo, a cultura (Figura 1.10) também sofre influência da identidade; assim, se a identidade é modificada, altera-se também a cultura.

Figura 1.10 – Influência sobre a cultura

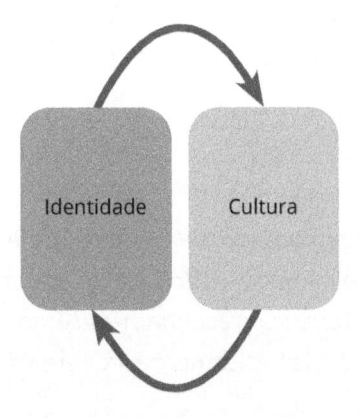

Assim, a identidade é influenciada por todos que, de alguma forma, desempenham algum tipo de atuação ou interferência na organização, podendo ser alterada de acordo com a cultura.

Oshiro (2016) lembra que a transição da identidade para a imagem é uma atividade que tem relação com as áreas de relações públicas e marketing, assim como outros processos organizacionais que se prestam a instituir, controlar e disseminar a impressão que as pessoas têm da empresa e da qualidade desta.

Os pontos sobre identidade organizacional e seus pressupostos tornam-se mais complexos ao analisarmos seu relacionamento com os conceitos de imagem e reputação. As dificuldades na diferenciação entre identidade e os conceitos de imagem e reputação configuram a origem desses acontecimentos. Primeiro, enquanto a identidade é estabelecida internamente, representando a visão compartilhada por componentes da organização, imagem e reputação são estabelecidas externamente, tendo como centro as diversas audiências, descreve Marchiori (2013).

Atualmente, o termo *reputação* transformou-se em um orientador, uma prova do valor e da legitimidade ou do grau de confiança existente no mercado. No entanto, por outro lado, é considerada uma norma dada pelos indivíduos no cotidiano, uma avaliação moral observada para definir quem merece ou não estar ou fazer parte das relações sustentadas no dia a dia, segundo narra Oshiro (2016).

Já Melo (2012, p. 109) informa que "a reputação é construída ao longo do tempo e é resultado do compromisso com o cliente, expresso na conduta responsável e coerente com a visão da empresa".

Logo, a imagem se modifica de público para público, já a reputação deve causar a mesma percepção em todos os públicos, menciona o autor (Melo, 2012).

Entretanto, a percepção dos componentes da organização sobre quem somos influencia a imagem e a reputação da mesma forma que as percepções do público externo desempenham forte influência nas percepções internas. A identidade interfere na imagem e na reputação e, por sua vez, imagem e reputação interferem na construção e na manutenção da identidade. Esse é o processo cíclico (Figura 1.11) e contínuo por meio do qual a organização deve buscar o alinhamento entre as percepções internas e externas como uma maneira de solidificar a reputação sustentada ao longo de anos, complementa Marchiori (2013).

Figura 1.11 - Processo cíclico

```
        Identidade
      ↗           ↘
                   Imagem
      ↖           ↙
        Reputação
```

Para confirmar essa interligação, Almeida (2007) apresenta algumas inter-relações entre os principais conceitos de imagem, identidade e reputação:

» **Imagem** – É desenvolvida pelos públicos externos e compreendida como a percepção e a interpretação de outros. Existem numerosas imagens quando os públicos são diversos.
» **Identidade** – A identidade como projeção de si mesma é constituída pelo público interno. A identidade corporativa abrange o emprego de símbolos em sua comunicação, artefatos como logotipo, nome, *slogan*, entre outros.
» **Reputação** – Instrumentos por meio dos quais os públicos externos expressam suas expectativas, demonstrando satisfação ou insatisfação perante as ações e identidades organizacionais. As organizações que conseguem deixar sua

identidade mais clara na maioria das vezes têm melhor reputação, a qual se cria ao longo do tempo, como resultado de repetidas interações e experiências acumuladas.

Dessa forma, após esses conceitos bem delimitados, Almeida (2007) inter-relaciona-os, afirmando três pontos:

5. a identidade é estabelecida pelo público interno, mas sofre influência das imagens, e vice-versa;
6. quem somos não pode ser afastado da percepção dos outros sobre nós e de nossa percepção sobre como os outros nos observam;
7. diversas imagens dizem respeito a uma mesma organização, e as imagens acumuladas dos diferentes *stakeholders*, no decorrer do tempo, formam a reputação.

Exercícios resolvidos

A imagem organizacional é um elemento importante para o sucesso, a consolidação e a sobrevivência da empresa. Para isso, conta com outros elementos que estão interligados a ela e que provocam influência na imagem percebida, como identidade e reputação, com as quais a organização deve se preocupar, bem como dar atenção constante a elas. Com relação a esses três elementos, assinale a alternativa correta:

a) A imagem é desenvolvida dentro da empresa pelo seu público interno. Para isso, necessita de uma cultura organizacional mais liberal, sem entraves.

b) A imagem deve passar a mesma informação para todos os públicos, ao contrário da reputação, na qual cada indivíduo pode transmitir uma percepção diferente de acordo com o público.

c) A imagem é considerada uma representação, levantada e atualizada todos os dias, do que uma organização é e da comunicação que se desenvolve nessa realidade.

d) Uma organização não consegue criar uma imagem do dia para a noite; ela é criada ao longo do tempo por meio de repetidas ações com essa finalidade.

e) Uma imagem pode ser alterada de acordo com a cultura da empresa e compreende a utilização de símbolos na sua comunicação, como o logotipo.

GABARITO: C

***Feedback* do exercício em geral**: A identidade é desenvolvida pelo seu público interno e compreende o uso de símbolos em sua comunicação, artefatos como logotipo, nome, *slogan*, e não a imagem. Já a imagem é desenvolvida pelo seu público externo, assim como por todos os atores envolvidos, e se estabelece de acordo com a quantidade do público, podendo haver variadas imagens quando se tem vários públicos. A reputação deve causar a mesma percepção em todos os públicos, e não em cada indivíduo de uma forma diferente, sendo construída ao longo do tempo. A imagem, ao contrário, pode, sim, ser criada rapidamente, e isso dependerá das estratégias utilizadas para sua criação e manutenção. Por sua vez, o que é compreendido por meio da utilização de símbolos é a identidade, que é formada por logotipos, nomes e *slogans*.

Oshiro (2016) ainda afirma ser importante para a imagem organizacional o conceito de percepção, que corresponde aos esforços de diversos setores – como marketing, publicidade e propaganda, jornalismo e relações públicas – no sentido de buscar a imagem de marcas, nomes e organizações que sejam reputáveis, extremamente reflexivas por estratégias e que sustentam um grande esforço de entendimento dos significados.

Melo (2012) explica que a percepção se altera de público para público, mas a identidade continua a mesma. Assim, a imagem de uma organização pode não ser favorável para um público e, mesmo assim, ser favorável para outro diferente.

Exemplificando

Pode acontecer uma situação em que, mesmo não indo a determinado estabelecimento, como um restaurante, desenvolvamos uma imagem por causa das informações que recebemos sobre ele ou até mesmo pela observação da parte de fora ou da fachada desse estabelecimento.

Estimular a identidade organizacional entre colaboradores, assim como lançar externamente uma imagem positiva e assegurar uma reputação consolidada com os públicos interessados, são condições para uma comunicação bem-feita, mencionam Coutinho e Leal (2009).

Couto e Macedo-Soares (2004) explicam que a comunicação eficiente é um requisito imprescindível para que a organização promova sua imagem e preserve sua reputação. Uma boa comunicação evita desgastes e serve para conseguir apoio do público externo, assim como para possibilitar condições de motivação e comprometimento do público interno com as iniciativas de aprimoramento.

Daí surge um novo ponto que merece ser compreendido e que é fundamental para a imagem da organização: a comunicação organizacional.

"Em comunicação organizacional, imagem é a percepção que sustenta uma opinião, uma valoração acerca de uma instituição, pessoa ou fato de relevância coletiva", como destaca Martinuzzo (2013, p. 16) e mostra a Figura 1.12.

Figura 1.12 – Comunicação organizacional

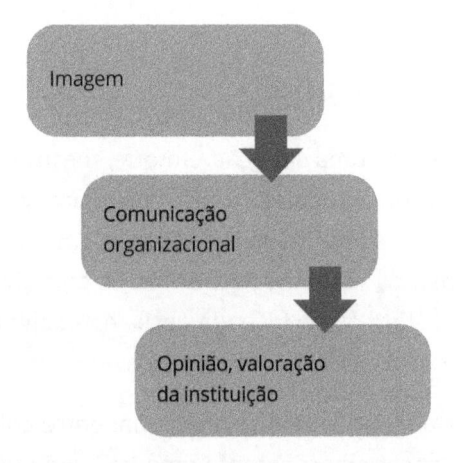

```
Imagem
   ↓
Comunicação
organizacional
   ↓
Opinião, valoração
da instituição
```

É por meio da identidade institucional que se pretende desenvolver uma imagem pública das organizações. Nessa perspectiva, todo investimento em comunicação organizacional deve estar baseado na verdade factual e concreta das instituições, explana Martinuzzo (2013).

A organização precisa disseminar fatos com relação à qualidade que pratica para que os clientes, consumidores e usuários avaliem adequadamente seus produtos e, assim, desenvolver uma reputação sólida junto ao grande público. Para promover sua reputação, a organização necessita praticar uma comunicação com muito diálogo, efetivo, empregando uma linguagem clara, divulgando informações fidedignas, de acordo com a realidade, fundamentada em conhecimentos sólidos, relatam Couto e Macedo-Soares (2004).

Muitas vezes, os dirigentes imaginam que, por realizarem tudo o que está ao seu alcance para que a organização (marcas e produtos) apresente uma boa imagem, certamente as pessoas, no ambiente organizacional, tanto externo quanto interno, terão uma boa imagem dela. As informações que os diferentes públicos recebem sobre a organização derivam de inúmeras fontes, não exclusivamente daquelas diretamente controladas pela direção ou pelos órgãos formais de comunicação. Além disso, mesmo se tratando apenas das comunicações planejadas e controladas pela organização, cada receptor dessas mensagens, nos diversos públicos da organização, interpreta-as de sua forma, conferindo um diferente significado a elas, ilustra Kunsch (2009).

Para saber mais

Leia mais sobre o assunto no artigo "Imagem organizacional: uma análise comparativa da imagem desejada por supermercados e da imagem percebida por consumidores", de Grzeszczeszyn e Vieira (2009). Por meio da compreensão da imagem organizacional como uma vantagem competitiva fundamental, os autores confrontam a imagem que se é esperada pelos administradores e a imagem que realmente é percebida pelos consumidores dos supermercados.

Assim, nenhuma empresa consegue ter absoluta certeza de que fez tudo para ter a imagem esperada, por isso ela sempre deve ser analisada, demonstrando ser essa uma preocupação constante em qualquer organização.

A forma pela qual os indivíduos obtêm as informações sobre a organização, suas marcas e seus produtos está amparada por meio de todo e qualquer contato que possuam com eles, seja por meio de experiência direta, seja pelos sentidos ou pelas representações destes – como nome, logotipo, ouvir falar, entre outras –, ou seja, de todo tipo de contato que o indivíduo tiver com a organização ou com uma de suas representações. Todos esses elementos colaborarão na constituição do modelo mental do indivíduo sobre a imagem (Kunsch, 2009).

No campo da comunicação organizacional, imagem é a referência conceitual em relação a uma identidade. Assim sendo, avança-se para além do senso comum de que imagem diz respeito a registros artísticos e pictóricos ou reproduções dinâmicas ou estáticas – como filmes, vídeos ou fotografias – de algum objeto, esclarece Martinuzzo (2013).

Entender, estabelecer ou até mesmo administrar a imagem organizacional, pelo fato de esta ser de natureza intangível – sendo constituída de forma contínua e por meio do diálogo –, é algo complexo, sendo um imenso desafio aos profissionais da comunicação, destaca Martinuzzo (2013).

A administração da imagem deve ser realizada de forma constante e estratégica, alcançada por quem conhece intensamente o mecanismo de formação das imagens mentais, pois o que os administradores de comunicação organizacional desejam é ter o maior controle possível sobre a disseminação das informações indispensáveis para seus diversos públicos poderem desenvolver as imagens mais apropriadas, no intuito de que os objetivos da organização possam ser obtidos, como entende Kunsch (2009).

Kunsch (2009) relata ainda que alguma parte desse processo pode ser influenciada pela organização, outra parte não. A organização pode interferir positivamente no processo de formação de sua imagem diante dos públicos:

» informando-os continuadamente sobre a organização em si, sobre a existência e o significado de suas marcas, assim como sobre a existência, a utilidade e as características de seus produtos;
» acompanhando o processo de desenvolvimento de imagem perante os diversos públicos, para avaliar sua evolução e sua apresentação;
» planejando novas formas de comunicação com esses públicos, de modo a caminhar melhor em direção à imagem desejada, conservá-la ou aprimorá-la.

A imagem de uma organização reflete a qualidade do que ela pratica. Apenas as pessoas podem alterar naturalmente a qualidade dos processos e a adequação das atitudes da organização. Desse modo, só elas podem, de livre e espontânea vontade, por meio de ações concretas, alterar a imagem da instituição diante do grande público e dos bens ou serviços que produz no mercado. Apenas a procura constante da qualidade pode garantir que a imagem se iguale aos padrões considerados apropriados pela sociedade, informam Couto e Macedo-Soares (2004).

> Não se pode pensar em construir e desenvolver uma organização sem pensar na satisfação de seus públicos-alvo, em suas opiniões, em suas vontades. Lucro, desenvolvimento, consolidação organizacional, todos estes fatores empresariais valiosíssimos só existem se o público permitir, se ele estiver de acordo com as políticas,

normas, diretrizes e ações pautadas e apresentadas nos ambientes organizacionais. O ajuste desse processo em que se encontram interesses públicos e organizacionais deve-se fazer presente nas metodologias como caráter essencial para o alcance dos objetivos propostos. Levando-se em conta procedimentos baseados em identidades fortes que consideram as vontades e necessidades dos consumidores, a boa imagem será devidamente introjetada pelos públicos de interesse que reagirão de modo positivo perante a empresa. (Silva, 2008, p. 11)

Para Marchiori (2013), além das informações repassadas por sua comunicação, a estruturação da imagem de uma organização compreende também:

» relacionamento do indivíduo com seus produtos e serviços;
» relações com seus integrantes;
» informações de outras experiências;
» influência de opiniões de terceiros;
» mensagens de outros veículos de comunicação;
» deduções e sensações positivas ou negativas que são reunidas pelas relações entre os diversos atores sociais;
» crenças, valores e ideologias predominantes em determinados segmentos;
» região, cidade ou país em que está introduzido seu âmbito de negócios.

Com isso, o desenvolvimento de uma imagem consistentemente positiva passa fundamentalmente por uma compatibilidade entre comportamento e realidade institucional e atividades de comunicação organizacional, esclarece Martinuzzo (2013).

Síntese

» A imagem pode ter vários significados, a depender da forma que for observada, apresentando-se como uma representação de algo que pode ser mental, visual, sonora, sensorial, ou seja, tudo o que os nossos sentidos consigam projetar.
» O mundo das imagens pode ser dividido em vários domínios, como o das representações visuais, do imaterial (as imagens na nossa mente), das imagens verbais, das imagens ópticas e das imagens diretamente perceptíveis.
» A imagem pessoal está alicerçada na autoestima, sendo tratada como um dos principais formadores da personalidade, pois só assim esta consegue expressar para outras pessoas o que tem de si mesmo. Possui como pontos essenciais a aparência, o comportamento e a comunicação.
» A imagem pessoal ainda inclui diversos aspectos além da autoestima, como a forma de se vestir, de se comportar, a maneira de viver em sociedade e a personalidade, sendo muitos desses aspectos considerados formas de comunicação não verbal.
» A imagem organizacional representa a forma como a empresa é vista pelos diversos *stakeholders*, podendo estar relacionada à sua marca, à qualidade dos produtos, às ações que produz, à forma como é conhecida ou exibida ou, até mesmo, como é vista pela mídia.
» A cultura organizacional é fundamental para uma disseminação adequada da imagem organizacional para os diversos atores, pois expressa os valores, as crenças e os ideais existentes na organização.

» A identidade e a reputação influenciam na imagem da organização e vice-versa, razão por que deve existir a procura pelo alinhamento desses três elementos. A identidade representa a visão compartilhada pelos integrantes da organização, enquanto a imagem e a reputação são determinadas externamente. Esse alinhamento deve existir tanto interna quanto externamente.

2 Marketing pessoal e organizacional

Conteúdos do capítulo:

» Marketing pessoal.
» Competências necessárias para um marketing pessoal adequado.
» Marketing organizacional.

Após o estudo deste capítulo, você será capaz de:

1. compreender o conceito de marketing;
2. descrever marketing pessoal;
3. explicar a relação entre o marketing pessoal e as competências;
4. identificar a importância da comunicação para o marketing pessoal;
5. definir marketing organizacional;
6. discutir o papel da comunicação integrada de marketing e das relações públicas no marketing organizacional.

Neste capítulo, vamos compreender o que é o marketing, descrevendo uma de suas diretrizes, o marketing pessoal. Examinaremos a relação existente entre o marketing pessoal e as competências necessárias para que ele seja eficiente, bem como identificaremos a importância da comunicação para o marketing pessoal. Definiremos ainda o que é marketing organizacional e discutiremos o papel da comunicação integrada de marketing e das relações públicas no marketing organizacional.

Introdução do capítulo

Com o mercado atual cada vez mais competitivo, várias são as formas encontradas para se destacar, tanto pelas empresas, para conseguirem se manter no mercado, quanto pelos indivíduos, para se encaixarem nele.

Por meio dessas novas formas, o marketing apresenta dois conceitos: um voltado para o sucesso dos indivíduos no âmbito pessoal e profissional – o marketing pessoal – e o outro voltado para a consolidação da imagem positiva da empresa – o marketing organizacional.

No marketing pessoal, o produto é o indivíduo, que deve se aperfeiçoar constantemente, aumentando seu nível de visibilidade e destacando-se diante dos demais. Já no âmbito organizacional, o marketing busca não apenas identificar as necessidades e os desejos dos clientes, mas também solidificar a marca da empresa na mente dos consumidores por meio do posicionamento adequado e uma boa comunicação dos seus aspectos organizacionais.

Quem quer conseguir uma boa posição no mercado deve procurar meios para se adequar a esses novos tempos de concorrência acirrada – e tanto o marketing pessoal quanto o organizacional são ferramentas estratégicas essenciais nesse processo.

2.1 Conceito de marketing pessoal

O marketing, atualmente, é considerado uma das ferramentas de inteligência estratégica mais poderosas quando se fala em competitividade e destaque, agregando valor e operando de forma direta na ampliação das competências no mercado e exercendo cada vez mais um lugar de importância diante da concorrência mais exigente como a atual.

A definição de marketing passou por diversas atualizações nos últimos anos, não devendo ser compreendido como propagandas ou simplesmente o ato de vender de uma empresa, como algumas pessoas o definiam. Seu conceito, com o tempo, acabou se tornando bem mais amplo.

Segundo Xavier (2009), o marketing recebeu diversas definições nas últimas décadas, sejam de forma extensa e restrita, sejam conceituais e funcionais, sejam mercadológicas e acadêmicas.

Para Tavares (2003, p. 74) "o marketing é responsável por consolidar a marca na percepção do público". Já Kerin et al. (2011, p. 8) utiliza a definição dada pela American Marketing Association (AMA): "o marketing é uma função organizacional e um conjunto de processos para criação, comunicação e entrega de valor aos clientes, tudo de forma que beneficie a organização e seus interessados".

O que é?

A American Marketing Association (AMA) é uma associação para profissionais de marketing fundada em 1953. Lidera uma discussão incomparável sobre excelência em marketing, oferecendo uma perspectiva robusta e entendendo que os profissionais de marketing devem disponibilizar soluções para os dias atuais e futuros.

Marketing é, assim, o conjunto de atividades que acrescentam valor ao pacote de produtos oferecidos pelas empresas, buscando uma antecipação da satisfação dos clientes. O marketing se propõe a planejar produtos, estabelecer preços e descontos, distribuir produtos, promover atividades de venda pessoal e propaganda, entre outros, como descreve Silva (2014).

Assim, concluímos que o marketing agrega valor e antecipa a satisfação dos clientes, beneficiando a organização e os seus interessados, como observamos na Figura 2.1, a seguir.

Figura 2.1 – Vantagens do marketing

Valor
+
Antecipação da satisfação dos clientes
+
Benefício para a organização e os interessados
→ Marketing

Cobra e Brezzo (2010) explicam que o conceito genérico do marketing traz implícitos diversos raciocínios que expandem seu âmbito de aplicação tradicional:

» Em primeiro lugar, caracteriza-se o marketing como atividade humana, e não apenas como atividade empresarial.
» Em segundo lugar, essa atividade está envolvida com a satisfação recíproca das necessidades e dos desejos das partes que atuam em um intercâmbio.
» Finalmente, a maneira de satisfazer essas necessidades e desejos é por meio do intercâmbio de valores e de transações não tão somente limitadas à relação organização-consumidor, incorporando também todas as transações intermediárias nas quais não intervém o consumidor final.

Dessa forma, o marketing agrega valor por meio de relacionamentos lucrativos mútuos, satisfazendo as necessidades de todas as partes envolvidas nas atividades e deixando de ser observado como apenas uma atividade empresarial voltada para o cliente.

A administração do marketing pressupõe uma série de tarefas que devem ser realizadas visando atender as necessidades e a satisfação dos clientes, bem como oferecer lucro às organizações e pessoas. É um mercado competitivo e de forte concorrência em que as empresas dispõem seus produtos, suas marcas e seus serviços para os consumidores, esclarece Xavier (2009).

Em momentos mais recentes, novas incorporações complementaram a compreensão do marketing. Entre elas, as mais propagadas são as que se referem à incorporação do conceito de marketing relacional, contrapondo-se à tradicional concepção centralizada nas transações. Essa concepção de marketing originou-se da aplicação de ferramentas advindas da utilização de tecnologias da informação e da comunicação (TICs), como mencionam Cobra e Brezzo (2010).

Melo et al. (2014) afirmam que o marketing é um campo do conhecimento que originalmente está unido à gestão e aos processos organizacionais. No entanto, pelo alcance e pela amplitude de seus conceitos e dispositivos, foi adequada sua utilização em outros campos, por exemplo: esporte, político e pessoal, entre outros. Desse modo, o marketing, na sua origem, abrange a identificação e a satisfação das necessidades humanas e sociais.

O composto de marketing pode ser adequado ao raciocínio com foco no ser humano, isto é, em seu valor, sua forma de promoção, de exposição nos diversos ambientes que percorre, seja socia, seja profissional, de maneira que incentive a venda dessa imagem e marca, de acordo Rizzo (2011).

Por meio da adequação do marketing para o nível individual, surgiu o marketing pessoal, trazendo consigo a busca pelo alcance do sucesso profissional, promovendo e proporcionando maior visibilidade a uma marca pessoal, tornando-se um ponto fundamental para pessoas que procuram um lugar no mercado ou apenas se manter nele. "O marketing pessoal é uma das diretrizes do próprio marketing e surgiu como um meio para alcançar o sucesso profissional" (Dias; Silva; Ramos, 2017, p. 5).

Com isso, vários princípios e conceitos mercadológicos podem ser readequados e empregados ao desenvolvimento individual de cada ser humano por meio da utilização de uma estratégia de marketing pessoal (Ritossa, 2009).

O marketing pessoal passa a ser, primeiramente, uma forma de perspectiva, pois incentiva a expectativa do ambiente, retrata os valores almejados do consumismo, mas, em determinado momento, transcende com a mensagem da importância dos elementos humanos e da alma que passam a ser parte intrínseca da imagem, analisa Rizzo (2017).

O Marketing Pessoal não é uma ferramenta atual, mas vem se adaptando às mudanças e se tornando uma ferramenta fundamental para o profissional. É uma continuação do marketing, só que voltado para a imagem e o sucesso profissional, que engloba qualidades, aptidões, caráter e personalidade. Vai além da aparência pessoal, é ter uma boa imagem. Significa projetar uma imagem de marca em relação a si mesmo, tomando a si próprio, como se fora um produto ou serviço. (Silva et al., 2013, p. 5)

Ritossa (2009) define *marketing pessoal* como um conjunto de ações organizadas que promovem o alcance do sucesso pessoal e profissional, seja para conseguir uma nova posição no mercado de trabalho, seja para conservar a posição atual. Essas ações abrangem não só a divulgação de uma imagem melhor de nós mesmos, mas também o aperfeiçoamento de nossas deficiências e o investimento em nossas qualidades.

Figura 2.2 – Definição de marketing pessoal

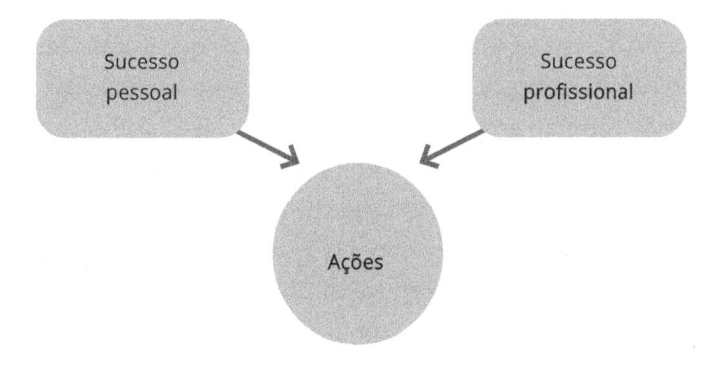

Para Rizzo (2011), o marketing pessoal se apresenta como um elemento essencial para que o consumidor, o cliente, o amigo ou simplesmente o receptor da mensagem pessoal transmitida tenha a percepção do que acarretará satisfação para sua necessidade e seu desejo e, assim, a intenção de consumo e de compra desperte.

O marketing pessoal, quando utilizado como mecanismo para oferecer competências e habilidades, consolida o crescimento do profissional e sua rede de relacionamento, fazendo, desse modo, com que ele possa conseguir um lugar no mercado de trabalho tão competitivo, ilustram Silva et al. (2013).

2.2 Competências necessárias para um marketing pessoal adequado

O sucesso pessoal e profissional depende de quais critérios são definidos pelo indivíduo como importantes para alcançar sua situação futura. Para muitas pessoas, a carreira profissional de sucesso está relacionada a um bom salário, a enriquecer e a gozar de conforto material. O grande desafio é o equilíbrio entre as competências do indivíduo, ou seja, conhecimentos, habilidades e atitudes, assim como a paixão pelo que faz e as necessidades do mercado, como explicitam Melo et al. (2014).

As competências humanas acabam se transformando no ponto central do marketing pessoal, pois, por meio delas, o indivíduo consegue analisar e aprimorar os pontos positivos e negativos que possui, de modo a buscar a posição de destaque que se espera.

Borelli (2018) explica que as competências essenciais do indivíduo (mostradas também na Figura 2.3) são:

» **Conhecimentos** – A informação que se possui, isto é, refere-se a saber o quê, saber o que saber e saber como ser e agir.
» **Habilidades** – Conhecimento de técnicas, métodos, ferramentas e práticas, isto é, o saber como fazer.
» **Atitudes** – Relaciona-se à identidade e à determinação, isto é, o querer fazer e se determinar a fazer.

Figura 2.3 – Competências essenciais do indivíduo

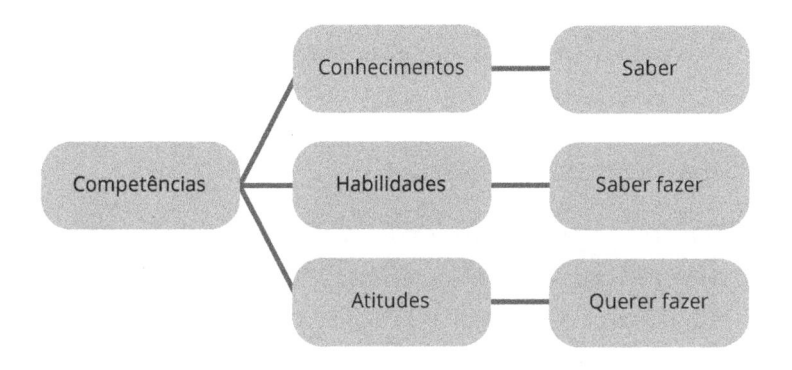

```
                    ┌── Conhecimentos ── Saber
                    │
     Competências ──┼── Habilidades  ── Saber fazer
                    │
                    └── Atitudes     ── Querer fazer
```

Assim, a competência é introduzida quando existe conhecimento, habilidades e atitudes atuando mutuamente, de forma dinâmica, nas distintas situações vivenciadas pelo indivíduo. Enquanto o conhecimento é o conjunto de informações de que o indivíduo faz uso, as habilidades estão relacionadas à capacidade de pôr esses conhecimentos em prática, desenvolvendo resultados indispensáveis, explicitam Dias, Silva e Ramos (2017).

O marketing pessoal é compreendido por Silva et al. (2013, p. 24) como "visibilidade às características, habilidades, competências e talento pessoais, através de contatos e de relacionamentos, para que possam ser aceitos e reconhecidos". Empregado da melhor forma e planejado adequadamente, o indivíduo pode ser encarado como uma referência positiva no mundo em que vive e alcançar o sucesso, mas isso só acontece porque ele teve destaque. Observamos, assim, a importância do marketing pessoal realizado de maneira apropriada, porque aqueles que se conservam escondidos, mesmo tendo capacidade, não serão descobertos:

> A ferramenta de marketing pessoal se refere à marca do indivíduo, é o que o difere perante seus concorrentes e o que ele representa para outras pessoas, tanto de seu convívio social como corporativo. Atualmente, esta ferramenta é vista como um diferencial no mundo empresarial e tem se mostrado uma pauta importante durante a contratação pelas empresas. (Dias; Silva; Ramos, 2017, p. 6)

Exercícios resolvidos

O marketing, por muito tempo, foi visto como uma função apenas organizacional, contudo, com a evolução de seus conceitos, surgiu uma concepção voltada para o indivíduo, abordando aspectos direcionados à valorização do ser humano. Com relação ao marketing pessoal, assinale a alternativa **incorreta**:

a) O marketing pessoal se refere à marca do indivíduo, preocupando-se com o seu desenvolvimento profissional e pessoal em busca do sucesso que almeja.

b) Por meio do marketing pessoal o profissional pode ser recolocado no mercado de trabalho, construindo sua carreira de acordo com o perfil adequado.

c) O marketing pessoal é uma estratégia de diferenciação que tem como propósito a fidelização do cliente e de todos os atores envolvidos na relação da organização com o mercado.

d) O marketing pessoal acontece quando o profissional consegue usar as suas competências como diferencial, promovendo sua marca pessoal no mercado de trabalho

e) O marketing pessoal fortalece a imagem de um profissional em busca de um melhor posicionamento no mercado por meio da valorização do ser humano e de seus atributos.

GABARITO: C

***Feedback* do exercício em geral**: O marketing pessoal não tem como propósito a fidelização do cliente e de todos os atores envolvidos na relação da organização com o mercado. Ele está voltado para o sucesso pessoal e profissional do indivíduo, por meio da utilização adequada das competências deste e da valorização do ser humano e de seus atributos, que são usados como diferencial e promovem sua marca pessoal, posicionando-o no mercado de trabalho.

O marketing pessoal ajuda a fortalecer e a promover a imagem dos profissionais por meio do desenvolvimento de uma imagem positiva, enaltecendo suas próprias competências e fazendo com que ele se torne referência naquela atividade que se propõe a fazer.

Ritossa (2009) menciona que os indivíduos devem pensar em desenvolver um plano de marketing pessoal pelos seguintes motivos:

- » dificuldade de se obter, no meio profissional, o reconhecimento e a promoção esperados por um trabalho bem executado;
- » geração de novas oportunidades de trabalho por meio da elaboração adequada de um plano de marketing;
- » competição com profissionais que já estão colocando em prática seus planos de marketing pessoal;
- » visibilidade pessoal é um fator fundamental para o desenvolvimento da carreira;
- » gerenciamento da carreira depende exclusivamente da própria pessoa, e não da empresa em que se trabalha.

Pela utilização dos conceitos de marketing, Santos (2002) entende que o profissional, como pessoa, poderia ser comparado a um dos 4Ps de marketing, que seria o "produto". Portanto, podemos dizer que toda estratégia que tenha como propósito levar a imagem profissional (produto "pessoa") até o seu cliente – que nessa situação é o patrão, os amigos, os colegas de trabalho, entre outros – pode ser chamada de *marketing pessoal*.

Dessa forma, o indivíduo é visto como o produto que deve possuir qualificações que o diferenciem dos demais, devendo, para isso, buscar na sua imagem profissional o fortalecimento e o sucesso esperados, demonstrando assim a importância de um bom planejamento de marketing pessoal.

Contudo, vale lembrar que o marketing pessoal não se baseia apenas em divulgar a melhor imagem do indivíduo. Ele deve vir acompanhado de um processo de autoconhecimento para a construção da marca pessoal, o que, indiscutivelmente, levará essa pessoa a se tornar uma pessoa melhor, com uma percepção mais apurada das próprias deficiências e qualidades, como demonstram Melo et al. (2014).

Em um espaço mercadológico, no qual a realidade existente não é uma guerra de produtos, mas de percepção, as organizações acabam desenvolvendo produtos e serviços semelhantes aos de seus concorrentes. Do mesmo modo, o ser humano acaba se desenvolvendo dentro do conhecimento e da capacidade técnica que se equivalem em termos de formação. Portanto, o diferencial é desenvolver a habilidade de despertar a confiança e o desejo do consumidor, do cliente ou da pessoa do relacionamento social, de forma a manifestar uma imagem que não só traga satisfação, mas que também encante, informa Rizzo (2011).

Dias, Silva e Ramos (2017, p. 12) explicam que o marketing pessoal tende a ser utilizado por profissionais como "uma vantagem competitiva que, em detrimento de outros candidatos, investem em instrumentos de marketing para se diferenciarem no meio organizacional", como observamos também na Figura 2.4. Os autores ainda afirmam que a relação existente entre as pessoas é um processo imprescindível do marketing pessoal para que elas incorporem valor à sua marca pessoal, disponibilizando, dessa forma, vantagens a todas as partes envolvidas.

Figura 2.4 – Diferenciação no meio organizacional

Visual Generation/Shutterstock

Outro ponto importante a se analisar é a comunicação, pois ela é fortemente conectada ao marketing pessoal. Ramalho (2015) lembra que a maneira como você se expressa diz muito a seu respeito. Entretanto, é um equívoco pensar que o marketing pessoal se baseia em apenas falar bem de si mesmo, destacar suas qualidades e repassar uma série de vantagens. Na verdade, quem faz somente isso corre o risco de parecer chato, pretencioso ou as duas coisas. Para o autor (Ramalho, 2015), o segredo é criar empatia, fazendo com que alguém se sinta confortável na sua presença e se torne receptivo à sua mensagem.

O que é?

Existem diversas definições para o termo *empatia*, mas o comumente utilizado está inserido no Dicionário Online de Português (2021b) que a define como sendo a ação que o indivíduo tem de se colocar no lugar do outro, procurando agir e pensar da mesma maneira como este pensaria ou agiria nas mesmas situações.

Saber ouvir e entender o outro faz parte de qualquer relacionamento, e no âmbito profissional não é diferente, o que demonstra que a empatia é fundamental para o marketing pessoal e para o próprio desenvolvimento do indivíduo.

Para criar empatia, é necessário se atentar a uma série de fatores, como a capacidade de ouvir e de prestar atenção no outro, de perceber seus gostos, interesses e necessidades, de se sentir motivado e de saber motivar, de transmitir segurança e confiabilidade, por exemplo, esclarece Ramalho (2015).

Exemplificando

Quando falamos com um cliente, este não analisa apenas o que se está falando, mas também as sensações presentes naquele momento, pois ele incluirá em seu cômputo final não só o que ele achou, mas também o que sentiu. De acordo com o tratamento oferecido de forma pessoal e diferenciada, mais o cliente se sentirá especial; e quanto mais ele se sentir especial, mais sentirá que você é especial, exemplifica Ramalho (2015).

Rizzo (2017) destaca que, levando em consideração que a capacidade de comunicação pessoal deriva fundamentalmente da facilidade que se proporciona para a decodificação da própria imagem, entende-se que, quanto mais aberta a imagem pessoal, mais interação pode ser gerada entre o emissor e o receptor, como vemos na Figura 2.5.

Figura 2.5 – Interação entre emissor e receptor

johavel/Shutterstock

Dessa forma, quanto mais o indivíduo for percebido por meio de sua imagem, maiores serão o contato e o envolvimento entre as partes nessa relação.

Convém, contudo, lembrar que as imagens são decodificadas de acordo com padrões determinados pela sociedade. Nesse sentido, a imagem aberta será tão mais aberta quanto mais enquadrada estiver dentro desses conceitos, explana Rizzo (2017).

O autor ainda relata que a comunicação no marketing pessoal se revela por meio das demonstrações humanas, do conhecimento, da capacidade de planejar, organizar, dirigir e monitorar fatores, tanto profissionais quanto da própria vida, além de criar e integrar fatores como a coreografia sensível e artística dos gestos, da postura, da face, do olhar, das roupas e dos objetos que enfeitam a moldura em exposição – como anéis, canetas, cores, maneira de sentar –, adicionados da emoção, do sorriso, todos numa sensível harmonia, construindo a arquitetura da pessoa.

Silva (2014) explica em seu livro que pesquisas realizadas na área demonstram que o poder da comunicação deriva:

» 7% da palavra (do que você diz);
» 38% do tom de voz (como você diz);
» 55% da fisionomia (expressão do rosto, gesticulação, roupas, entre outros).

No Gráfico 2.1, a seguir, observamos essa relação.

Gráfico 2.1 – Poder da comunicação

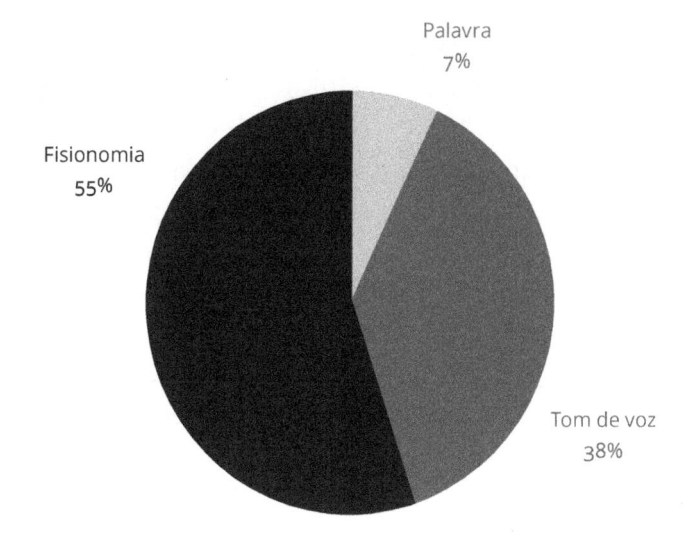

- Palavra: 7%
- Fisionomia: 55%
- Tom de voz: 38%

Fonte: Elaborada com base em Silva, 2014.

O que você diz importa, bem como a forma como você o faz, mas a sua expressão quando você fala, sua forma de agir e gesticular, o modo de se apresentar e a aparência contam muito quando se quer passar uma boa impressão para alguém.

Lenzi, Kiesel e Zucco (2010) destacam que o primeiro passo para se desenvolver uma boa estratégia de marketing pessoal é ouvir. Para construir uma imagem de homem ou mulher de negócios, deve-se saber o que os outros consideram fundamental para construí-la, devendo se estar aberto para *feedbacks* e preparado para retornos negativos, assim como para críticas.

Perguntas & respostas

Quando uma pessoa tem uma opinião contrária à nossa, podemos reagir de forma negativa, não concordando com essa opinião?

Não. Na verdade, precisamos entender que as críticas são oportunidades para nos aperfeiçoarmos, pois quando reagimos de forma negativa, essa pessoa não mais voltará a manifestar nenhum tipo de opinião a nosso respeito. Lembrando que o fato de ela não mostrar mais nenhum defeito em nós não significa que passamos a ser perfeitos, mas sim que a pessoa não quer mais ter sua opinião recusada quando fala a verdade.

Outro ponto importante citado por Lenzi, Kiesel e Zucco (2010) trata da comunicação não verbal, pois as informações não são transmitidas apenas pelas palavras. Nosso corpo fala intensamente, na maioria das vezes, sem que percebamos ou mesmo queiramos, sendo esse tipo de linguagem tão importante quanto a verbal.

> Algumas pesquisas indicam que a expressão facial, juntamente com o tom de voz, é responsável por mais de 90% da comunicação entre duas pessoas. O significado que as palavras mostram no dicionário, portanto, responde apenas por cerca de 10% da comunicação. (McCaskey, 2001, p. 127)

Na linguagem não verbal, tudo que está ao redor no ambiente importa. Assim, a forma como o indivíduo se posiciona, senta-se na cadeira ou até mesmo toma um copo d'agua diz algo sobre ele, podendo demonstrar segurança ou até mesmo nervosismo. Ele não deve parecer um robô, tampouco criar um personagem para se adequar ao perfil indicado, mas sim ter atitudes normais, que definam quem e como ele é.

Lenzi, Kiesel e Zucco (2010) afirma que a realidade sobre a comunicação não verbal nos influencia em dois sentidos:

1. as pessoas formarão opinião sobre nós não apenas levando em consideração a nossa fala, mas todo o conjunto de nossas atitudes;
2. temos de estar atentos a todos esses sinais para compreender, na linguagem não verbal, *feedbacks* positivos e negativos com relação a nossa postura quando lidamos com as pessoas.

Assim, podemos compreender o marketing pessoal como um conjunto de ações orientadas para a pessoa e com resultados que analisam alguns aspectos como: imagem que transmite, higiene pessoal, seu conteúdo (competências, habilidades, caráter), credibilidade e comunicação, informam Melo et al. (2014). Na Figura 2.6, podemos observar esses aspectos.

Figura 2.6 – Aspectos analisados pelo marketing pessoal

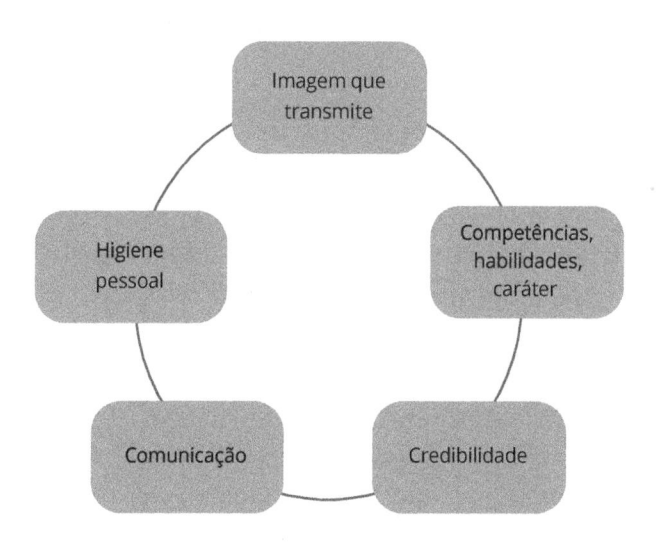

Para Silva (2014), quando tratamos de marketing pessoal, estamos falando de vender nossa imagem, ideias e também serviços, nos quais nós seremos o produto principal, devendo, para isso, ter um comportamento adequado, mas também o conhecimento de algumas técnicas relacionadas ao tema em questão.

Um ponto essencial para se ter um bom marketing pessoal, de acordo com Silva (2014), é cuidar da postura e da apresentação pessoal. É preciso buscar a pontualidade nos compromissos e se preocupar com a forma de vestir, dos cabelos, entre outros fatores.

Outro ponto a ser analisado é a capacitação. O profissional deve se atentar ao conteúdo necessário para a função a ser desempenhada e interagir com coordenadores, supervisores e demais profissionais da área, explicita Silva (2014).

Honestidade é mais um item citado por Silva (2014). Segundo o autor, o indivíduo não deve revelar, em nenhuma hipótese, informações referentes à empresa a terceiros em benefício próprio, assim como não deve compactuar com atividades desonestas. Além disso, deve prezar pelo sigilo, não fazendo uso de informações comprometedoras contra a empresa nem revelando informações sem o consentimento dos superiores.

Para saber mais

Aprofunde-se nesse tema lendo o artigo "Marketing pessoal", de Benez et al. (2017). Nesse artigo, os autores abordam a importância da utilização do marketing pessoal no impulsionamento da carreira profissional, demonstrando pontos fundamentais a serem observados para se alcançar uma imagem positiva diante de um mercado de trabalho cada vez mais competitivo, por meio de dicas que podem ser empregadas para o desenvolvimento profissional.

Deve ocorrer também o distanciamento profissional, buscando não se envolver em assuntos pessoais, de forma emocional ou afetiva, além de elaborar relatórios sem omitir fatos relevantes ou com resultados falsos, devendo estes serem encaminhados para o destino correto, informam Silva et al. (2014).

O último item que Silva (2014) menciona é a qualidade total, em que a apresentação deve ser realizada de forma profissional quando estiver diante do cliente, sendo que o profissional deve:

» saber entrar, permanecer e sair com elegância e simpatia;
» estar disposto a ouvir e dialogar;
» ter prudência;
» assumir disposições decididas, dentro dos limites da capacitação técnica;
» elaborar propostas de trabalho e cronogramas coerentes com as reais necessidades do cliente; entre outros.

Podemos perceber que algumas ferramentas básicas, quando utilizadas juntas e de forma adequada, acabam revelando o perfil profissional do indivíduo, demonstrando suas qualidades e saberes por meio da otimização das competências individuais.

Exercícios resolvidos

O marketing pessoal auxilia o indivíduo na condução do sucesso de sua marca pessoal. Mas, para isso, devem ser observadas algumas competências essenciais no processo de formação da imagem, de modo a valorizá-la. Com relação às competências, analise as assertivas a seguir:

I. O indivíduo deve ser direto e o mais breve possível quando estiver conversando com um cliente, detendo-se apenas ao conteúdo necessário para a resolução do problema em questão.
II. Seu conhecimento deve estar baseado apenas em sua área de atuação, pois não adianta nada compreender o mercado financeiro se você trabalha com recursos humanos.
III. Seu aprendizado não deve vir apenas de cursos, mas também da convivência com outras pessoas, por meio da renovação de posições, assim como consigo mesmo.

Estão corretas as afirmativas:

a) I e III.
b) II, III e IV.
c) I e II.
d) II e IV.
e) III e IV.

GABARITO: E

***Feedback* do exercício em geral:** Apenas as assertivas III e IV estão corretas, pois os indivíduos aprendem muito com outras pessoas e consigo mesmos em sua vivência. Contudo, é necessário ter uma visão global, buscando ampliar os horizontes, enxergando além do ambiente ao redor. Claro que ninguém consegue saber de tudo, mas também não se deve compreender apenas o que está ao seu redor, como se estivesse em uma bolha.

> Outro ponto é quando se está conversando com alguém: é preciso saber compreender o outro, ter empatia, ser flexível e saber ouvir, e não apenas jogar as informações, sendo o mais breve possível. Muitos aprendizados são desenvolvidos no nosso dia a dia, na convivência com outras pessoas, muitas vezes até ao repensar nossas posições que precisam ser reavaliadas. Esse aprendizado pode ocorrer pelo contato com qualquer pessoa do nosso convívio, como os profissionais que fazem parte da nossa área e possuem o conhecimento necessário para desempenhar sua função.

Melo et al. (2014) relatam a existência de 20 competências (Quadro 2.1) essenciais para a obtenção de sucesso profissional, demonstrando que o conjunto dessas competências traz uma visão mais realista do mercado de trabalho atual, quais sejam:

» **Gerenciamento de problemas** – O profissional deve estar aberto para imprevistos, para ouvir e saber agir diante dos contextos que se apresentarem.
» **Inovação** – Por meio da busca de alternativas e oportunidades diferenciadas; não se contentar com um único caminho.
» **Aprendizagem** – Por meio da renovação de posições, aprendendo com outras pessoas e consigo.
» **Empatia** – Capacidade de compreender os outros e incorporar elementos de terceiros.
» **Conhecimento tecnológico** – Saber utilizar as ferramentas tecnológicas disponíveis.
» **Aprendizado contínuo** – Atualizar-se por meio de cursos para se adequar aos desafios futuros.

- » **Liderança** – Ter a capacidade de conduzir, liderar, mostrar o caminho a ser percorrido.
- » **Iniciativa** – Atuar de forma espontânea diante de situações que exijam ação, sendo proativo sem hesitar.
- » **Planejamento** – Ter a capacidade de definir metas que farão parte de um plano de ação e revisá-lo sempre que necessário.
- » **Relacionamento interpessoal** – Ter um bom relacionamento com as demais pessoas da equipe.
- » **Visão global** – Buscar enxergar além do ambiente que o rodeia, ampliando os horizontes.
- » **Negociação** – Pela busca de melhores resultados e por meio da negociação, relações interpessoais, intergrupais, multiculturais, entre outros.
- » **Automotivação** – Buscar dentro de si mesmo maneiras de se motivar e agir.
- » **Equilíbrio emocional** – Saber manter a calma e controlar as emoções, conseguindo raciocinar de forma clara e trabalhar sob pressão.
- » **Criatividade** – Desenvolver novas alternativas, enxergar soluções possíveis e novas possibilidades.
- » **Comunicação** – Ter boa vontade ao compreender o outro e ser flexível no compartilhamento de informações.
- » **Comprometimento** – Conseguir atingir resultados e realizar mais do que o esperado.
- » **Trabalho em equipe** – Buscar objetivos em comum na equipe de trabalho e saber lidar com o grupo.
- » **Aceitação do risco** – Saber lidar com os riscos e encará-los como algo natural.
- » **Empreendedorismo** – Saber perceber ideias e oportunidades, transformando-as em ações que criem valor para si e para a empresa.

Quadro 2.1 – Vinte competências

Obtenção do sucesso profissional
» Gerenciamento de problemas   » Inovação   » Aprendizagem   » Empatia   » Conhecimento tecnológico   » Aprendizado contínuo   » Liderança   » Iniciativa   » Planejamento   » Relacionamento interpessoal   » Visão global   » Negociação   » Automotivação   » Equilíbrio emocional   » Criatividade   » Comunicação   » Comprometimento   » Trabalho em equipe   » Aceitação do risco   » Empreendedorismo

Essas competências não são exigências apenas para as pessoas que estão entrando no mercado de trabalho, mas para todos os trabalhadores, pois trata-se de uma das maneiras de conseguir sucesso profissional e ampliar as chances de empregabilidade.

Por meio de um bom marketing pessoal, o profissional consegue enaltecer suas qualidades, desenvolvendo competências que serão cruciais para seu sucesso. O próprio mercado atual, tão competitivo, exige muitas dessas técnicas, deixando de fora o profissional que não as possui.

2.3 Marketing organizacional

Diante da competitividade crescente, as organizações buscam mais meios de sobreviver e encarar a concorrência. Assim, também é crescente a busca por um marketing de eficiência nas organizações. Estamos em uma época em que não basta apenas a empresa possuir bons produtos; ela deve ser bem mais que isso para ser aceita pelos consumidores, os quais estão cada vez mais exigentes.

Churchill e Peter (2012) definem marketing como o processo de planejar e executar a concepção, estabelecer preços, promover e distribuir ideias, bens e serviços a fim de criar trocas que satisfaçam metas individuais e organizacionais.

O marketing tem como preocupação a satisfação e o desenvolvimento de necessidades e desejos do mercado. "Esta é uma teoria clássica, um lugar comum, considerado até um clichê, mas curiosamente é a teoria que melhor define o conceito de marketing por meio da sua própria história" (Tavares, 2003, p. 59).

> Necessidades são requisitos humanos básicos de sobrevivência (comida, ar, água, moradia e vestuário). Incluindo as necessidades de lazer, entretenimento e instrução. Estas se tornam desejos quando o indivíduo idealiza um objetivo. Pela sociedade, pela comunidade em que o indivíduo vive, ele idealiza comer um salmão ao invés do seu prato diário de arroz, feijão e ovo. Ele precisa da sua bicicleta e pode querer um carro. Os desejos são moldados de acordo com o ambiente cultural e as expectativas individuais de um ser humano. (Santiago, 2008, p. 13)

Kerin et al. (2011) explicam que, para atender compradores e vendedores, o marketing busca encontrar as necessidades e os desejos dos clientes em potencial e, assim, satisfazê-los.

Dessa forma, as organizações devem buscar no mercado quais as possíveis necessidades que deverão ser supridas e que poderão se transformar em desejos, assim como colocar esses produtos ou serviços à disposição dos consumidores com as qualidades e os atributos que se espera deles, por meio de planos bem estruturados de marketing.

As atividades desenvolvidas pelo marketing fazem parte de um espaço específico no contexto organizacional. Sua missão essencial, como vemos na Figura 2.7, é conhecer intensamente as necessidades dos clientes e satisfazê-las por meio de ofertas que agreguem um valor único, conforme explicitam Basta et al. (2006).

Figura 2.7 – Missão do marketing

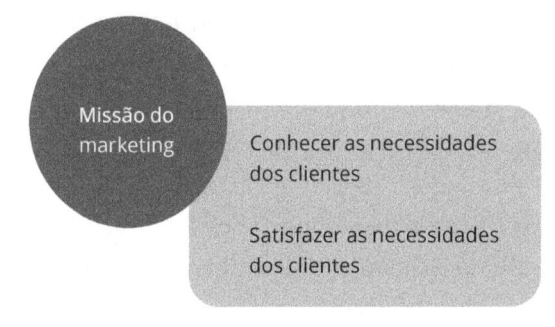

- Missão do marketing
  - Conhecer as necessidades dos clientes
  - Satisfazer as necessidades dos clientes

O marketing é essencial para muitas áreas, mas deve ser utilizado da forma correta, e para isso deve ser conhecido adequadamente. "A importância de descobrir e satisfazer as necessidades do consumidor é fundamental para a compreensão do marketing!" (Kerin et al., 2011, p. 10).

Em qualquer tipo de organizações, com ou sem fins lucrativos, indústrias, lojas, prefeituras, autarquias, entre outras, a presença do marketing é bem notória, pois não existe organização que não possua um produto ou serviço a ser disponibilizado a um mercado e a públicos-alvo específicos. Essa simples verificação já pressupõe a necessidade de as organizações implementarem os conceitos de marketing para planejar e alcançar seus objetivos, demonstra Yanaze (2011).

Churchill e Peter (2012) informam que as orientações tradicionais do marketing são no sentido da produção, vendas e marketing:

» A orientação para a produção centra-se em produzir bens e serviços de forma eficiente, informando aos clientes sobre esses bens e serviços, esperando que eles os adquiram.
» A orientação para vendas concentra-se em produzir bens e serviços e induzir os clientes a comprá-los.
» A orientação para marketing importa-se em descobrir o que os clientes precisam e o que desejam, produzir os bens e serviços que eles dizem precisar e desejar e oferecê-los.

Embora a atividade de marketing de uma organização tenha como foco principal avaliar e satisfazer as necessidades do consumidor, incalculáveis pessoas, grupos e forças distintas interagem para adaptar a natureza de suas atividades.

O departamento de marketing trabalha fortemente, com uma rede de outros departamentos e empregados, para fornecer produtos que satisfaçam aos clientes, o que é necessário para que a organização sobreviva e progrida. As forças ambientais, como fatores sociais, tecnológicos, econômicos, competitivos e reguladores, também delineiam as atividades de marketing de uma organização. Dessa forma, decisões de marketing de uma empresa são afetadas pela sociedade, que, consequentemente, a afeta como um todo, explanam Kerin et al. (2011).

De acordo com Churchill e Peter (2011), para que as organizações produzam valor para os clientes e consigam alcançar seus objetivos, elas devem realizar tarefas como desenvolver planos e estratégias de marketing e executar atividades de marketing para implementá-los e controlá-los.

As organizações devem estar atentas não apenas aos seus processos internos, mas também a todo o contexto externo em que estão inseridas, pois vários fatores influenciarão a busca pelo sucesso. Para conseguir satisfazer seus consumidores, uma organização deve verificar todo o ambiente em que está inserida.

É preciso se lembrar também de que o marketing não está presente apenas nas empresas que vendem produtos ou que buscam o lucro. Todo tipo de empresa necessita de um marketing eficiente para se posicionar de forma adequada no mercado.

Siqueira (2005) descreve que o marketing evoluiu da tarefa de oferecer bens tangíveis a pessoas físicas e jurídicas para um escopo mais amplo, incluindo entre elas o organizacional, como vemos na Figura 2.8. O marketing organizacional se refere ao marketing das imagens corporativas e públicas, assim como das organizações não governamentais (ONGs).

Figura 2.8 – Marketing organizacional

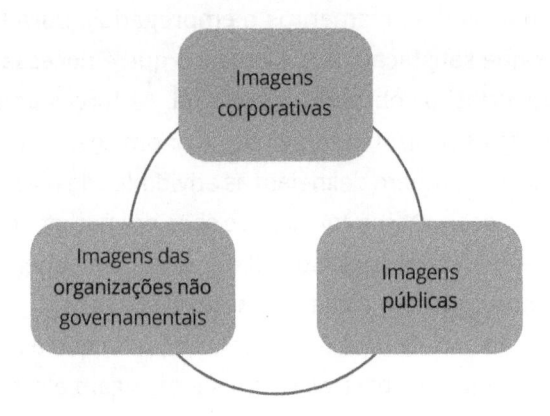

- Imagens corporativas
- Imagens das organizações não governamentais
- Imagens públicas

Yanaze (2011) destaca que alguns autores definem como marketing institucional ou marketing corporativo (do inglês *corporate marketing*) todas as vezes que uma organização se inclina para atividades que busquem construir ou consolidar uma imagem corporativa positiva com seu público, ultrapassando assim o próprio produto ou serviço que oferecem.

O marketing organizacional pode significar, assim, reputação com compromisso, consciência e outras qualidades colocadas em evidência. Esses valores, elementos-chave de estratégia de diferenciação, representam a organização, podendo fazer dela o centro de todas as evidências, determinando uma complexidade que compreende, além de expressões visuais e verbais, expressões comportamentais específicas da organização, conforme entende Marchiori (2014).

Desse modo, o marketing organizacional torna-se o ponto--chave para a imagem da organização, pois por intermédio dele esta se posicionará no mercado, com ações voltadas diretamente para a imagem por meio da qual quer ser conhecida e lembrada.

Os administradores mercadológicos sabem que a identificação positiva de seus produtos e serviços pelos clientes é o alicerce do posicionamento de mercado. Compreender o que é de valor para o cliente e inovar nas soluções e vantagens com o público-alvo, permitindo a diferenciação, pode ser o caminho para o sucesso no marketing, informa Santiago (2008).

As organizações querem ser reconhecidas por algo que produzem ou façam de bom. Algumas querem passar para o cliente que prestam o melhor serviço, por isso merecem confiança; outras querem se apresentar como uma empresa que possui qualidade com preços mais baixos. Toda empresa tem uma estratégia de posicionamento compatível com seus processos. Para isso, cada organização busca estratégias de marketing a fim de se destacar, criando assim uma marca exclusiva que a defina.

Exemplificando

Existem diversas marcas de esponjas de aço nas prateleiras dos supermercados, mas muitas pessoas criaram o hábito de falar que vão comprar Bombril. Isso acontece porque a empresa, durante muitos anos, investiu em uma campanha de marketing muito grande, colocando seu nome na mente dos consumidores, demonstrando que aquele produto tinha qualidade superior às demais marcas por meio da afirmação de que tem mil e uma utilidades.

Para Santiago (2008), a marca é uma oferta de uma empresa conhecida que auxilia os clientes a identificarem e associarem seus atributos. Contudo, segundo o autor, devem ser evitados três grandes erros de posicionamento (Figura 2.9):

1. **Subposicionamento** – Trata-se da incapacidade de a empresa se posicionar.
2. **Superposicionamento** – É a disponibilização aos compradores de uma imagem limitada demais da empresa.
3. **Posicionamento confuso** – Diz respeito a fazer com que os compradores tenham uma imagem confusa da marca.

Figura 2.9 – Erros de posicionamento

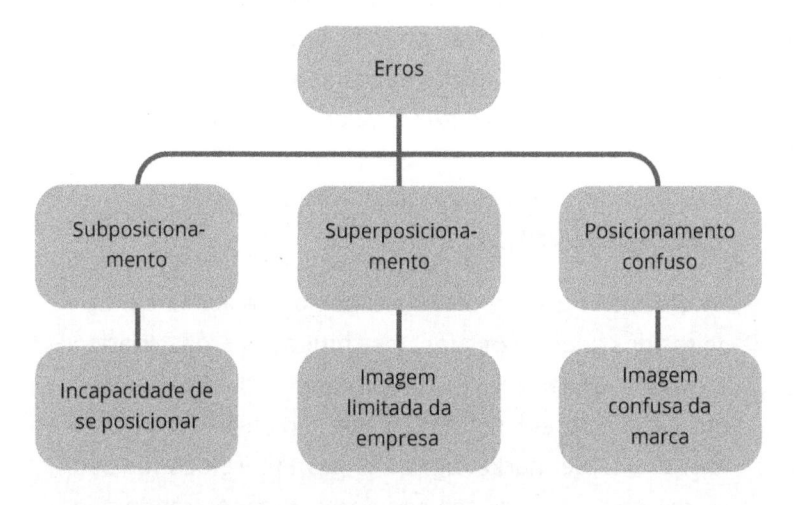

```
                    ┌─────────┐
                    │  Erros  │
                    └────┬────┘
        ┌────────────────┼────────────────┐
┌───────┴───────┐ ┌──────┴──────┐ ┌───────┴───────┐
│ Subposiciona- │ │Superposicio-│ │ Posicionamento│
│    mento      │ │  namento    │ │    confuso    │
└───────┬───────┘ └──────┬──────┘ └───────┬───────┘
┌───────┴───────┐ ┌──────┴──────┐ ┌───────┴───────┐
│ Incapacidade  │ │   Imagem    │ │    Imagem     │
│ de se         │ │ limitada da │ │  confusa da   │
│ posicionar    │ │   empresa   │ │     marca     │
└───────────────┘ └─────────────┘ └───────────────┘
```

O marketing organizacional deve observar como seu posicionamento é realizado diante do mercado, para que o efeito não seja contrário ao que se pretende, tendo processos claros e eficientes para que se alcancem bons resultados.

O profissional do marketing deve desenvolver a competência, por meio da compreensão dos mercados, ter a habilidade de pesquisar e idealizar os melhores resultados e ser ético nesse processo, com o intuito de oferecer os melhores produtos e serviços para os seus clientes organizacionais, permitindo a eles melhores desempenhos, lucratividade e atendimentos das necessidades dos seus clientes finais, esclarece Xavier (2009).

Ainda de acordo com Xavier (2009), na década de 1960, McCarthy desenvolveu um modelo denominado 4Ps, também chamado de *composto mercadológico* ou *mix de marketing*, que consiste em:

» **Produto** – Refere-se ao que está sendo oferecido para os clientes, sejam bens ou serviços, sejam ideias, entre outros.
» **Preço** – Diz respeito ao preço do produto ao consumidor e às formas de pagamento.
» **Praça** – Relaciona-se com a distribuição ou a localização para que o produto chegue às mãos do cliente.
» **Promoção** – Refere-se à forma como o cliente é informado ou lembrado sobre os produtos ou serviços disponibilizados.

Conforme Oliveira (2020), o conceito de marketing ocupa-se da máxima de satisfazer os desejos e as necessidades do consumidor em troca de proveitos financeiros e de lucro para o proprietário ou os acionistas. Para que isso ocorra, a organização precisa colocar determinado produto ou serviço no mercado, pensando estrategicamente na praça em que seu consumidor-alvo será impactado. Isso se relaciona diretamente com a formação do preço, que precisa levar em conta tanto a realidade interna (adequando-se à gestão financeira) como o posicionamento dos concorrentes. Esse movimento precisa ser acompanhado por um plano de comunicação eficiente, que torne efetiva a divulgação ou propagação do produto ou serviço.

Por meio da projeção do *mix* de marketing (praça, preço promoção, produto), são elaborados detalhes táticos da estratégia de posicionamento. Assim, caso a empresa pretenda se prender a uma posição de alta qualidade, deverá, consequentemente, produzir itens de alta qualidade, ter preços altos, distribui-los por meio de canais de alta qualidade e realizar propagandas em mídias de alta qualidade. Todo o processo exige alta qualidade até chegar ao cliente final, sendo que essa é a única maneira de se construir uma posição coerente e confiável em relação a uma alta qualidade e ótimos serviços, ilustra Santiago (2008).

Do fortalecimento dessas bases, que representam as quatro funções básicas do planejamento estratégico de marketing de uma organização, os termos acabaram evoluindo para outros, que são: produto ou serviço, preço ou remuneração, distribuição e comunicação, analisa Yanaze (2011).

Assim, a comunicação é um ponto fundamental para o planejamento estratégico de marketing, o que é confirmado por Kerin et al. (2011), os quais afirmam que, para que o marketing aconteça, são indispensáveis no mínimo quatro fatores:

1. duas ou mais partes (indivíduos ou organizações) com necessidades não satisfeitas;
2. um desejo e uma capacidade de satisfazê-lo;
3. um método para as partes se comunicarem;
4. algo a ser trocado.

Para Oliveira (2020), a gestão de marketing trabalhará a integração dos 4Ps, determinando o lançamento do produto, a precificação e as melhores praças para que o produto alcance um público específico. Concomitantemente, é imprescindível que seja realizado um trabalho intensivo de comunicação integrada.

A comunicação integrada de marketing é definida como o método de comunicação que "envolve planejamento, criação, integração e implementação de diversas formas de comunicação, atreladas a um tema central único, que são apresentadas durante certo tempo aos consumidores-alvo e demais públicos de interesse de uma marca" (Shimp; Crescitelli, 2012, p. 10).

Os processos de realização da comunicação são um ponto essencial para que as informações sejam repassadas da forma como a empresa espera, necessitando, para isso, de um bom planejamento e de meios adequados, como também da observação dos objetivos esperados.

Quando falamos em comunicação no âmbito do marketing, a comunicação integrada de marketing apresenta-se como um conceito, um modelo de planejamento que identifica o valor agregado de um plano mais extenso e as funções estratégicas das ferramentas e dos mecanismos de comunicação, articulando-os de forma inteligente, flexível e coerente. Quanto mais alinhados forem os instrumentos e mecanismos de comunicação, mais eficientes serão os seus resultados, informa Xavier (2009).

A comunicação é parte integrante do marketing e sua função é oferecer o apoio necessário para que estratégias possam ser divulgadas ao público no momento certo da sua implementação, da maneira mais apropriada e com a intensidade necessária para causar o impacto diante do consumidor. Ao perceber a mensagem, ele poderá ser convencido a dar a sua preferência para aquela determinada marca, entende Corrêa (2006).

Hawkins e Mothersbaugh (2018) destacam que as comunicações de marketing compreendem propaganda, força de vendas, relações públicas, embalagem e qualquer outro elemento que a empresa oferece em relação a si mesma e seus produtos.

O recurso de se comunicar com os consumidores, sejam atuais, sejam futuros, é empregado não apenas para informar, mas também para lembrar e persuadir. Uma estratégia de comunicação de marketing bem realizada contribui para elevar o desempenho da empresa em vendas e participação de mercado, além de também aprimorar a percepção e o reconhecimento das pessoas sobre os bens e serviços disponibilizados ao público consumidor, explicita Ramos (2019).

Para Oliveira (2020), tudo o que pensamos, sentimos e desejamos no que se refere a produtos e serviços que consumimos possui relação com fatores como:

» experiência pessoal vivenciada com o produto ou a marca;
» narrativa envolvente desenvolvida por meio da propaganda e de outros instrumentos comunicacionais;
» símbolos das marcas que formam outros elementos relacionados com seus valores e propósitos.

A união desses fatores desenvolve o potencial imaginário para que tudo seja desejado e, logo em seguida, comprado (no caso do produto) ou utilizado (no caso do serviço), afirma Oliveira (2020).

Exercícios resolvidos

O marketing organizacional corresponde à imagem corporativa pública de ONGs e é uma estratégia fundamental para o sucesso das organizações e para que estas se mantenham ou se insiram no mercado por meio de atitudes que busquem chamar a atenção e conquistar seu público-alvo. Com relação ao marketing organizacional, julgue as alternativas a seguir:

( ) A comunicação faz parte do marketing organizacional, fornecendo o apoio necessário para que as estratégias de marketing possam ser divulgadas ao público.
( ) Por meio da realização de uma comunicação integrada de marketing adequada pode ocorrer o aperfeiçoamento da percepção e o reconhecimento das pessoas sobre os bens e serviços disponibilizados.
( ) A identificação positiva de seus produtos e serviços pelos clientes é o alicerce do posicionamento de mercado, entretanto, as empresas devem ter cuidado com alguns erros que podem ocorrer com esse posicionamento, como no caso do superposicionamento, que pode ocasionar uma imagem limitada da empresa.
( ) Os meios a serem empregados no processo de comunicação de marketing não interferem nos seus resultados, pois o profissional de marketing possui os conhecimentos necessários para realizá-los com eficiência.

Agora, assinale a alternativa que contém a sequência correta:

a) V, V, V, F.
b) V, F, F, V.
c) V, V, F, F.
d) F, V, F, F.
e) F, F, V, V.

GABARITO: A

> ***Feedback* do exercício em geral**: A única alternativa incorreta é a última, pois o profissional de marketing deve possuir as ferramentas e os instrumentos adequados para ampliar seus resultados, determinando vários recursos nesse sentido, como os meios a serem empregados, que podem ser o rádio, a televisão, a internet, entre outros. Outro ótimo aliado para o marketing é a comunicação, que deve ser utilizada como aspecto estratégico na divulgação das informações necessárias e imprescindíveis, bem como auxiliar a melhorar a percepção e o reconhecimento do seu público-alvo sobre os serviços e produtos oferecidos pela organização. No entanto, deve-se ter cautela com o superposicionamento, ou seja, demonstrar uma imagem limitada da empresa, pois isso faz com que seu público não a enxergue como é de verdade.

Xavier (2009) explica que as organizações buscam intensificar suas atividades de comunicação, tornando-as mais eficientes na construção da sua imagem institucional e comunicando de forma eficiente os conteúdos dos produtos ou serviços disponibilizados. O profissional de marketing deve escolher as melhores ferramentas e instrumentos do *mix* de promoção à disposição para expandir seus resultados, determinando:

» os meios a serem empregados: rádio, televisão, jornal, internet, revista;
» seus conteúdos: mensagens opinativas, informativas, descritivas;
» estilos: denotativos ou conotativos;
» sua estrutura narrativa: fragmentada ou completa;

- » sistema de codificação: léxico formal ou informal;
- » controle da qualidade da informação: redução dos ruídos na informação.

Cada empresa deverá apresentar um plano de comunicação compatível com suas atividades e com o perfil por meio do qual deseja ser reconhecida no mercado, lembrando que a importância de um planejamento eficiente nessa fase é imprescindível para a construção da sua imagem.

Oliveira (2020) destaca um ponto muito importante nos dias atuais, que engloba as responsabilidades das organizações em todos os seus processos, pois as empresas não podem trabalhar apenas para assegurar sua lucratividade, sendo este seu único fim. Elas precisam entregar mais, pensando no lado humano dos funcionários, da comunidade ao seu redor, dos consumidores, além de articular uma gestão de responsabilidade social.

As empresas são notadas por muitos consumidores pelas suas atuações no mercado, e não apenas pelos produtos ou serviços que oferecem. Empresas que exploram mão de obra infantil ou que não tenham plano de responsabilidade social, mesmo com planos de marketing altamente estratégicos, acabam colocando tudo a perder, pois sua imagem institucional já está desgastada por erros desse tipo.

Nascimento e Lauterborn (2007) apresentam uma metodologia recente e inovadora chamada de *4 Es de marketing* e *branding*, que significam:

- » entusiasmar funcionários (*Enthuse staff*);
- » encantar clientes (*Enchant clientes*);
- » enlouquecer concorrentes (*Enrage competitors*);
- » enriquecer a todos (*Enrich everybody*), considerando os dois Vs de *vending*: vendas e valor.

Dessa forma, por meio dos 4 Es de marketing e *branding*, as organizações ampliam suas preocupações, que antes eram voltadas apenas para as necessidades e os desejos dos clientes, fazendo com que todos os envolvidos em seus processos sejam importantes para o sucesso da empresa.

Na comunicação institucional, verificamos a construção de uma imagem corporativa positiva (Figura 2.10) na mente dos seus diferentes públicos: colaboradores, acionistas, imprensa, comunidade, fornecedores, distribuidores, entre outros. A ideia é fazer com que todos reconheçam de forma positiva a empresa, o produto ou a marca. A propagação das boas práticas da organização é uma das maneiras de conseguir essa admiração e empatia da opinião pública, esclarece Oliveira (2020).

Figura 2.10 – Imagem corporativa positiva

Sauerbronn (2014) entende que o planejamento da construção da imagem da organização é um elemento fundamental para sua sobrevivência e seu crescimento. Assim, o estabelecimento de objetivos de comunicação não pode deixar de lado características que agreguem valor para o consumidor. Lembrando que não apenas as ações de propaganda são importantes para garantir a propagação da imagem desejada pela organização e perpetuá-la, mas também o desenvolvimento de ações de relações públicas.

As relações públicas baseiam-se na atividade profissional e nas ferramentas de comunicação institucional de relacionamento com o público e são responsáveis pela construção das imagens institucionais das organizações, sejam elas governamentais, sejam privadas ou ONGs. Seu trabalho fundamenta-se em pesquisa tanto qualitativa quanto quantitativa, planejamento dos procedimentos internos e externos e coordenação do fluxo de informações estratégicas, nos espaços internos e externos da organização. Com essa ação sistemática, fortalecem-se os laços entre a organização e o público-alvo e seus *stakeholders*, os conceitos de produtos e serviços oferecidos por ela e a qualidade da informação colocada à disposição da sociedade, descreve Xavier (2009).

Yanaze (2011) compreende que a construção de uma imagem positiva é um aspecto do marketing empresarial e é objetivo das atividades de relações públicas, as quais, por sua vez, devem estar sempre em sintonia com as ações publicitárias e promocionais da empresa, fortalecendo o conceito de Comunicação Integrada de Marketing, previsto no Plano Geral de Marketing.

Por meio do marketing, o profissional de relações públicas auxilia o público a compreender o que a empresa tem a oferecer e quais são seus valores e propósitos. Sendo assim, a empresa cria e mantém sua identidade e imagem mais fortes, tornando-se um diferencial no mercado, o que demonstra ser essencial o trabalho em conjunto dessas áreas, visto que isso gera vantagens para as organizações.

Síntese

» O marketing se atualizou muito nos últimos anos, compreendendo a busca pela satisfação às necessidades dos clientes, pela consolidação da marca na percepção do público, entregando valor aos clientes e benefícios à organização e seus interessados.
» O marketing também passou a ter seu foco no ser humano, incentivando a venda da imagem profissional ou social do indivíduo, por meio do chamado *marketing pessoal*, que visa a promoção do alcance do sucesso pessoal e profissional para a consecução de uma nova posição no mercado de trabalho ou até mesmo para conservar a posição atual.
» Para se obter êxito no marketing pessoal, o indivíduo deve prestar atenção às competências que possui ou que precisam ser desenvolvidas, sendo essas habilidades, conhecimentos e atitudes referentes à posição que se almeja alcançar.
» A comunicação apresenta-se como um ponto fundamental no marketing pessoal, mas não só a comunicação verbal, também a não verbal, que inclui a forma de se vestir, sentar-se, gesticular, entre outras atitudes.
» O marketing organizacional se refere ao marketing das imagens corporativas e públicas, como também das ONGs, buscando a consolidação da imagem corporativa positiva do seu público, não ficando apenas no produto ou serviço que oferece.

» A comunicação integrada de marketing e as relações públicas desempenham um papel fundamental para a disseminação da imagem da organização e da conservação dessa imagem no mercado e no envolvimento de todos os interessados, demonstrando ser uma ferramenta imprescindível para o sucesso.

3 Gestão de crise

Conteúdos do capítulo:

» Conceito, origem e tipos de crises.
» Crise de imagem.
» Reputação e imagem em tempos de crise.
» Gerenciamento de crise.
» Prevenção e riscos.
» Comunicação em períodos de crise.

Após o estudo deste capítulo, você será capaz de:

1. definir crise, sua origem e tipos;
2. discutir a crise de imagem;
3. descrever a reputação e a imagem em tempos de crise;
4. analisar o gerenciamento de crise;
5. examinar a importância da prevenção e dos riscos;
6. compreender a comunicação em períodos de crise.

Neste capítulo, vamos compreender o que é uma crise, suas possíveis origens e seus tipos. Discutiremos a crise de imagem e como a reputação e a imagem podem ser atingidas em situações de crise. Analisaremos também o gerenciamento de crise, a importância da prevenção e dos riscos e o processo de comunicação em períodos de crise.

Introdução do capítulo

Pessoas e empresas realizam muitos esforços para fazer com que sua imagem se destaque diante das inúmeras opções existentes no mercado. Contudo, um simples deslize pode fazer com que todo esse esforço se perca.

Diante de uma crise mal gerenciada, a imagem e a reputação podem ser prejudicadas ou até mesmo destruídas. Por isso, é imprescindível o conhecimento de métodos de gerenciamento de crises e de prevenção. A prevenção se apresenta como o melhor meio de atuação diante de uma crise, pois, como diz o ditado popular, "é melhor prevenir do que remediar". Além disso, alguns pontos são essenciais nesses momentos, por exemplo, compreender como as crises acontecem, os processos necessários para enfrentá-las, a forma de comunicação que deve ser realizada tanto com o público externo quanto com o interno, entre outros.

Compreender a maneira de realizar uma gestão de crise com eficiência pode reduzir os impactos causados ou até mesmo eliminá-los.

3.1 Conceito de crise

Ninguém está imune a momentos de crise. O fundamental é saber como agir nessas situações e compreender o momento que se está passando, pois ações corretas nos momentos oportunos auxiliarão na redução de danos ou até mesmo serão capazes de fazer com que a imagem da organização ou do indivíduo não seja completamente afetada.

Pessoas jurídicas, públicas ou privadas, seja qual for o seu tamanho, possivelmente enfrentarão crises de todos os tipos, inclusive de imagem, ao longo de sua existência. No caso de pessoas, ao longo da vida, as chances e a gravidade disso acontecer vão se potencializando, principalmente se o personagem for político, dirigente de empresas, profissional liberal de renome, possuir alguma função de destaque, entre outros, ilustra Cardia (2015).

De acordo com o *Manual de Gestão de Crise e Imagem* (ABRAPP, 2015), a crise é um momento específico, difícil, perigoso ou decisivo na vida de pessoas, empresas e instituições. Tem características gerais e singulares dependendo de aspectos como campo, cenário dinâmico sociopolítico e ambiente econômico.

Forni (2013, p. 8) descreve *crise* como:

> Acontecimento não planejado; repentino; envolve muitas pessoas; causa confusão, quando não pânico; é ameaçador; emotivo; desperta o interesse público; gera más notícias; necessita de imediata atenção; se espalha com facilidade; produz informações desencontradas; fora do controle; extraordinário; cria tensão e gera curiosidade, interesse.

Para Cardia (2015), a palavra *crise* pode ser definida pela quebra da ordem comum das coisas, uma circunstância que desafie o processo pelo seu aspecto antinatural; a quebra de um procedimento simples e esperado, seja pelo homem, seja pelos sistemas naturais.

"Deve-se deixar claro que uma crise é um desdobramento de um fato, ou seja, este passa a ser uma crise quando ganha relevância, evidência e proporções maiores diante de seus diferentes públicos", afirma Teixeira (2011, p. 43).

Assim, podemos entender que a crise surge de forma inesperada, alterando o fluxo normal das atividades cotidianas, envolvendo diversas pessoas e, muitas vezes, causando estragos dos mais variados tipos, sendo necessárias, para a sua solução, ações **estratégicas e urgentes**.

Elas se dividem em níveis de abrangência que podem ser locais, regionais e corporativas, podendo ser, ainda, com ou sem agravante. A crise com agravante acontece quando a imprensa ou as autoridades se envolvem, quando ocorrem paralisações, vítimas ou, até mesmo, perda financeira (ABRAPP, 2015).

As crises, como mostra a Figura 3.1, podem ser frutos de desastres naturais, ações ou omissões institucionais e empresariais, conflitos humanos ou políticos, além de que podem nascer dentro de um desses quatro setores apenas, porém, em seguida, estarão todos inter-relacionados, esclarece Cardia (2015).

Figura 3.1 – Origem das crises

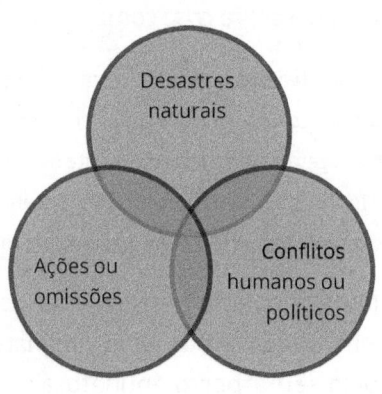

Cardia (2015) explica que, por *desastres naturais*, entendemos aqueles em que o homem não teve ação direta, mas que acabam refletindo sobre uma parte da humanidade ou de determinada sociedade. As crises causadas por ações ou omissões empresariais ou institucionais são apoiadas em atos ou supressões efetuados por empresas ou instituições cujos resultados provocaram consequências danosas para a natureza, para grupos de pessoas e até mesmo para países inteiros. Já as crises políticas, na maior parte dos casos, são baseadas em escândalos políticos.

Em geral, as crises frustram as expectativas dos *stakeholders* e têm um efeito danoso impiedoso, por estabelecer energia para gerenciá-las que poderia ser utilizada para alcançar resultados, não para apagar incêndios. Além disso, estabelecem um clima de insegurança, despertando o apetite da mídia e a pressão dos concorrentes ou dos adversários políticos. Fundamentalmente, crises não são acontecimentos simples e fácil de lidar, conforme explicita Forni (2019).

De acordo com alguns autores, as crises possuem diversas classificações e tipos, dependendo do acontecimento em si. Indriunas (2020) classifica as crises em níveis que podem ser **graves** ou **leves**, como explica a seguir:

» Uma crise leve é algo que pode ocorrer, mas que não vai mobilizar com força a sociedade ou os envolvidos e, na maioria das vezes, resolve-se de forma rápida, como no caso do desempenho desfavorável de determinado produto.

» Uma crise grave tem uma proporção ampla, é mais duradoura e pode atingir pessoas, além de todos os envolvidos da empresa, como no caso de um acidente industrial, que pode atingir múltiplos segmentos da sociedade e é de difícil solução.

Exemplificando

Os desastres ocorridos nas cidades de Mariana e Brumadinho pelo rompimento de barragens pertencentes a empresas de mineradoras afetaram a vida de inúmeras pessoas, gerando destruição ambiental, mortes, danos patrimoniais aos moradores da região, constituindo-se uma crise de proporção muito grande e duradoura para as empresas.

Assim, com a classificação de crises, mostrada na Figura 3.2, podemos perceber que, quanto mais grave for a crise, mais complexa será sua resolução em razão do número de pessoas que atingirá.

Figura 3.2 – Classificação das crises

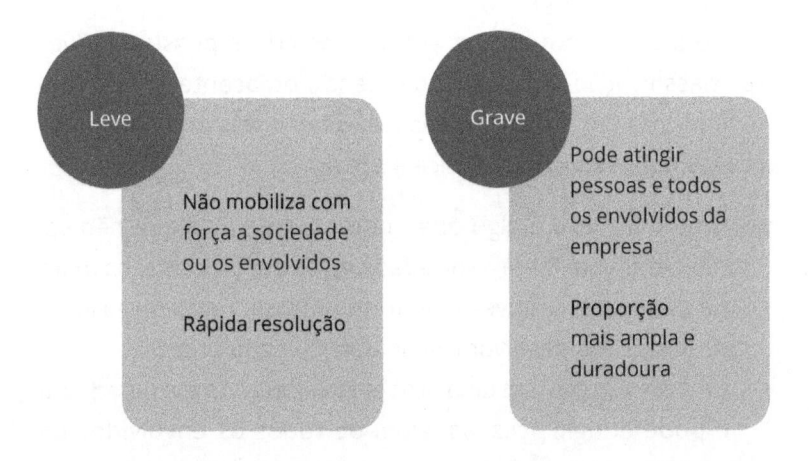

Leve
- Não mobiliza com força a sociedade ou os envolvidos
- Rápida resolução

Grave
- Pode atingir pessoas e todos os envolvidos da empresa
- Proporção mais ampla e duradoura

Forni (2019) lembra que, por trás de grande parte das crises, existem situações que devem ser observadas, como um escorregão administrativo, um cochilo de um executivo, falta de treinamento, descuido com normas de segurança ou a ação disposta de cometer um ato ilícito.

Exercícios resolvidos

Empresas e indivíduos podem passar por diversas crises ao longo de sua existência e, por isso, devem ter estratégias que auxiliem nesses momentos, compreendendo os tipos de crises e a forma adequada de resolvê-las. Mesmo que algumas dessas crises não possam ser previstas, saber como agir é fundamental nesses casos. Com relação às situações de crises, analise as afirmativas a seguir e marque com V as verdadeiras e com F as falsas.

( ) O sequestro de um dos diretores da empresa pode ser uma causa de situação de crise, pois envolve a segurança pública relacionada à empresa.

( ) A perda de executivos que fazem parte do quadro administrativo da empresa não se configura um tipo de crise, podendo apenas causar uma simples adaptação de gestão.

( ) O vazamento de produtos químicos oriundos da empresa em determinado rio do município pode causar um tipo de crise que prejudica a sobrevivência das pessoas e do planeta.

( ) As catástrofes naturais, por serem eventos imprevistos, não podem ser consideradas um fator para uma provável crise, pois as empresas não possuem o poder de prevê-las.

Agora, assinale a afirmativa que contém a sequência correta:

a) V, V, F, F.
b) V, V, V, F.
c) F, F, V, V.
d) V, F, V, F.
e) F, V, F, V.

GABARITO: D

***Feedback* do exercício em geral**: Está correta a alternativa que apresenta a seguinte classificação sequencial: V, F, V, F. A segunda e a quarta afirmativas estão incorretas, pois a perda de executivos do quadro administrativo configura uma crise de gestão, sendo, portanto, uma causa provável de crise na empresa, assim como as catástrofes naturais também o são, porque causam problemas para seu bom funcionamento. Portanto, as empresas devem ter planos de prevenção nesses casos, para que a crise seja o mais rápido possível superada ou, até mesmo, possa ter seu impacto reduzido. Entre as situações de crises estão inseridas, sim, o sequestro de um dos diretores da empresa e as catástrofes naturais, pois, por mais que sejam eventos imprevisíveis e que nenhuma organização pretenda passar, deve haver planos de gerenciamento prévios para esses acontecimentos com as medidas adequadas a serem tomadas.

Compreender as classificações e os tipos das crises é essencial para sua resolução, pois, conforme o nível ou o campo em que ela estiver inserida, mais rápida ou mais complexa poderá ser sua solução.

Segundo Indriunas (2020), as crises podem se apresentar de diversos tipos, como:

- **Direitos do consumidor** – Envolve os problemas que atingem diretamente a relação entre a empresa e consumidor, como no caso de atraso de entregas.
- **Ética empresarial** – São questões que se referem à má conduta legal ou moral da organização, como em situações de trabalho infantil ou escravo.
- **Meio ambiente** – Compreende as ações que prejudicam a sobrevivência do planeta e das pessoas, como quando ocorre vazamento de produtos tóxicos.
- **Relações trabalhistas ou de pessoal** – Abrange as atuações que afetam diretamente os que trabalham para a organização, como nos acidentes de trabalho.
- **Catástrofes naturais** – Ocorrem quando acontecimentos naturais, como chuvas torrenciais, acabam criando problemas para o bom funcionamento da empresa.
- **Segurança pública** – São questões envolvendo violência, como em situações de assaltos.
- **Poder Público** – Envolve tanto organizações públicas como privadas e tem relação com a influência negativa na gestão pública, como o uso indevido da máquina pública.
- **Danos patrimoniais** – Acontece quando o problema atinge patrimonialmente a organização, como em casos de acidentes.
- **Controle financeiro** – Compreende os problemas associados diretamente ao desempenho econômico ou a escândalos financeiros, causando prejuízos em determinados períodos.
- **Contencioso jurídico** – Incluem aqueles problemas do âmbito dos processos jurídicos, como as falências.
- **Imagem** – São situações que prejudicam a marca em si, como o uso indevido da marca ou do produto.

- » **Tecnologia** – São casos envolvendo a tecnologia no seu aspecto mais vasto, como quando ocorre invasão de *sites* ou vazamento de dados.
- » **Serviços públicos** – São circunstâncias em que o cidadão e as empresas são afetados por problemas relacionados aos serviços públicos, como quando acontece um apagão.
- » **Pendências regulatórias** – Compreendem as multas e os passivos com o erário público.
- » **Crises de gestão** – Abrange os problemas associados diretamente à administração da empresa, como casos em que existe a perda de executivos.
- » **Ambiente político** – Ocorre quando empresas são afetadas por questões políticas, como as eleições.

Figura 3.3 – Tipos de crises

Direitos do consumidor	Ética empresarial	Meio ambiente	Relações trabalhistas
Catástrofes naturais	Segurança pública	Poder Público	Danos patrimoniais
Controle financeiro	Contecioso jurídico	Imagem	Tecnologia
Serviços públicos	Pendências regulatórias	Crises de gestão	Ambiente político

As formas, os tamanhos, os impactos, as origens e os resultados das crises são ilimitados. Mesmo assim, com tantas chances de esses eventos acontecerem, a maioria dos profissionais, empresas, entidades públicas, privadas ou políticas não têm planos de prevenção de crises, grupos de gerenciamento de crises e muito menos planos de gerenciamento de crises, destaca Cardia (2015).

3.2 Crise de imagem

Para Prado (2017), crise é toda a ação imprevista que quebra com a rotina, seja de um profissional, seja de operação empresarial, de processo ou norma em vigor. Uma crise mal administrada ou não resolvida tem a capacidade de abalar credibilidade, reputação e imagem.

As crises de imagem são cada vez mais frequentes, tanto em relação a pessoas físicas quanto a partidos políticos, empresas, governos, conselhos, entidades de classe e marcas. Isso acontece em razão do crescimento dos meios de propagação de notícias, da facilidade com que cada um de nós se transformou em um disseminador de informações via meios eletrônicos e do apetite aguçado de milhões de pessoas por fatos e fotos referentes a personalidades e marcas notórias, demonstra Cardia (2015).

Duarte (2011) descreve a crise de imagem como um acontecimento ou conjunto de fatores negativos que podem ocasionar danos à credibilidade e à confiança de uma organização, de um artigo, de um serviço ou de um profissional diante da sua clientela ou público em geral.

Construir uma boa imagem atualmente não é tão fácil, mas, diante de uma crise, acabar com ela pode ser uma questão de segundos. E para uma geração tão informatizada como a de hoje, o risco acaba se tornando bem maior para a organização ou para o indivíduo detentor da imagem.

Quando a imagem e a reputação estão em risco, as implicações podem ser fatais para os envolvidos, sejam organizações ou instituições, sejam grupos ou pessoas públicas. Apesar de ser uma realidade aceita e reconhecida no campo empresarial, governamental, público e político, ainda presenciamos, quase que habitualmente, erros e atitudes amadoras na forma de lidar com as crises de imagem, principalmente quando elas se tornam públicas, menciona Dornelles (2012).

A certificação de que não possuímos uma boa imagem, ou a imagem desejada diante do público, aponta a necessidade de que sejam tomadas providências práticas, entende Curado (2016).

> Toda crise impacta na imagem da marca. Lembrando que o que está em jogo é o nome da marca, que foi construída ao longo de muito trabalho. A marca pode ser do nome de um indivíduo ou envolve o bom nome da empresa. De uma hora para outra qualquer empresa pode se ver envolvida em uma crise na imagem da marca. Vários autores mencionam e exemplificam tipos de crises como: crise da opinião pública, crise de imagem da marca, entre outros. (Andrade, 2007, p. 11)

Exemplificando

Um cliente, cansado de reclamar para pedir o conserto de um eletrodoméstico, decidiu recorrer a uma nova forma de protesto, colocando o objeto na frente de casa e gravando um vídeo para as redes sociais. Dessa forma, fica impossível para a empresa ter o controle do dano, pois, com milhares de visualizações, esse protesto isolado ameaça a poderosa marca, sem que se tenha gastado quantia alguma. Pode-se perceber, assim, que o boca a boca, hoje, toma ares de crises de imagem quando migra para a internet, exemplifica Forni (2019).

Uma imagem despedaçada são os cacos de uma pessoa ou de uma organização cujos propósitos não são claros, tornando impossível determinar com clareza e precisão mensagens, porque igualmente os públicos, pontos de apoio para a imagem, também não estão claramente determinados, informa Curado (2016).

Rosa (2007) destaca que a imagem difundida por uma organização ou por um líder em uma circunstância de crise é tão ou mais importante do que suas ações propriamente ditas. O grande desafio do gerenciamento de imagem em momentos de crise é fazer com que a percepção de diferentes ações seja a mais positiva possível.

3.3 Reputação e imagem em tempos de crise

O reflexo da imagem, que vemos na Figura 3.4, ou a concentração da imagem no decorrer do tempo é o que constitui a reputação de uma empresa. Sendo assim, imagens positivas constroem reputação positiva, descreve Silva Neto (2010).

Figura 3.4 – Reflexo da imagem

A reputação é o somatório de valores, códigos, história, memória, cultura e políticas corporativas. Trata-se de um patrimônio que contribui como uma medida de confiança para o negócio da empresa, e, como todo ativo, deve ser protegido por um lado e dar retorno do outro, explana Prado (2017).

Conforme Indriunas (2020), a reputação está diretamente associada à imagem que a empresa proporciona. Ela tem um elemento estabelecido pela marca, isto é, existe uma associação direta da reputação com a imagem, no sentido de logomarca, que identifica o produto e seus atributos mais amplos que a organização representa e que comandam sua missão, sua visão e seus valores.

A reputação é construída por meio da experiência de cada um dos grupos de relacionamento da organização no decorrer do tempo. É um processo que vai se solidificando à medida que a empresa consegue entender e agir para buscar um maior alinhamento entre sua realidade, as expectativas sociais e as percepções. E os desafios hoje são voltados principalmente para duas perspectivas: como conservar a reputação construída e consolidada e como lidar com os riscos reputacionais, destaca Prado (2017).

Figura 3.5 – Perspectivas dos desafios sobre a reputação

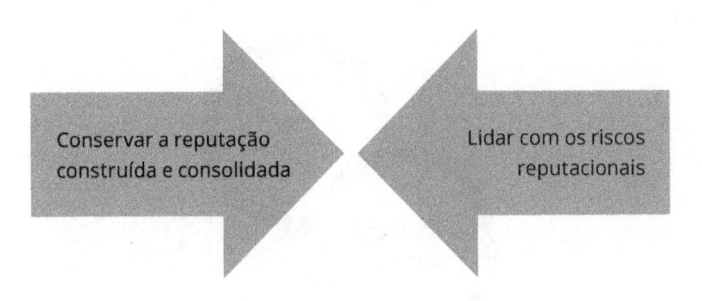

- Conservar a reputação construída e consolidada
- Lidar com os riscos reputacionais

O grande desafio de empresas e indivíduos quando passam por uma crise é conseguir fazer com que sua reputação não seja atingida ou "manchada" por esse infortúnio. Dessa forma, uma simples faísca que possa alcançar a imagem deve ser rapidamente apagada para que não se transforme em um verdadeiro incêndio difícil de ser controlado em toda a reputação conquistada.

Esse é o principal ativo de uma empresa e a garantia de negócios futuros e de sua existência. É o resultado de um longo esforço e investimento da organização em imagem, qualidade dos produtos e serviços, além do bom relacionamento com seus públicos. Por isso, a crise quase sempre retrata também um passivo da imagem, um arranhão na reputação. Esse passivo constitui uma mancha na imagem das empresas, dos governos ou das pessoas. Dependendo da dimensão, mesmo em crises bem gerenciadas, o impacto negativo pode ser tão forte que afeta de forma definitiva a reputação, informa Prado (2017).

O autor ainda lembra que os riscos reputacionais têm se tornado, atualmente, uma grande ameaça para as organizações, que se veem vulneráveis diante de crises que, em geral, fogem de qualquer padrão determinado pelos manuais de gestão (Prado, 2017).

Muitas organizações erram por não darem a atenção devida a uma possível crise, muitas vezes achando que esta não atingirá a reputação da empresa que já está sólida. Contudo, Indriunas (2020) afirma que a reputação é influenciada pela história precedente da instituição, assim como pela maneira como as pessoas esperam que ela se comporte no futuro. Assim, quanto melhor a reputação da empresa, maior será o desgaste causado por uma crise.

A reputação é o patrimônio que as empresas oferecem para a sociedade, sua comunidade, seu corpo funcional e seus *stakeholders*; é a porta da confiança na organização, conforme menciona Prado (2017).

A instabilidade provocada pela crise, além de colocar em risco a imagem e a reputação, estremece o clima organizacional, mexe com a estabilidade da produção e cria rumores capazes de afetar o balanço financeiro de uma corporação. Os *stakeholders* (públicos interessados no negócio) passam a ter dúvidas quanto à integridade e à ética da organização, relata Teixeira (2011).

A reputação é influenciada pelos vários *stakeholders* envolvidos com a organização, e serão eles, de alguma forma, que poderão expandir ou minimizar uma crise, apesar de que nem sempre serão eles que provocarão as críticas a um eventual problema ocorrido. Ou seja, muitas vezes, a crise pode ser assunto para quem não tem, essencialmente, relação direta com a empresa, mas é um público potencial dela, como um possível consumidor ou uma associação que defende direitos ameaçados pela crise que se instalou, por exemplo, esclarece Indriunas (2020).

Para que todos os públicos de interesse da empresa tenham uma percepção positiva de sua atuação e reputação, é indispensável que se cultive o bom relacionamento em todos os momentos. Para isso, devem-se aproveitar as oportunidades para reforçar a imagem da empresa responsável, comprometida com a segurança das comunidades vizinhas, com a preservação do meio ambiente, com a legislação e que investe na capacitação e no bem-estar de seus empregados, informa Prado (2017).

Segundo Curado (2016), a perda da reputação (Figura 3.6) tem muito a ver com a incoerência entre o propósito prometido e a prática, as ações em que a pessoa, a empresa, a instituição estão envolvidas. Os aspectos morais, quando se traduzem em comportamentos que arranham padrões de conduta constituídos e socialmente aceitos, produzem escândalos e contaminam as imagens, destruindo as reputações.

Figura 3.6 – Perda da reputação

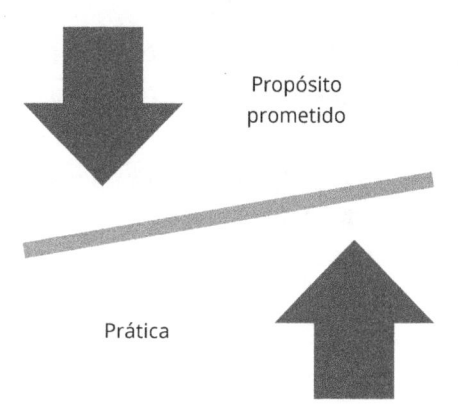

Propósito prometido

Prática

Prado (2017) explica que diversas ações no sentido de valorizar a reputação corporativa demonstram o crescimento da construção e da defesa desse ativo até então considerado um ingrediente intangível. Desse modo, uma empresa com boa reputação:

» tem maior facilidade de contratar e cativar talentos;
» alcança melhores condições de negociação de insumos e serviços;
» estabelece uma relação mais duradoura e estreita com seu público preferencial;
» recebe maior atenção dos investidores;
» obtém maior reconhecimento do mercado e aceitação da sociedade em momentos de crise.

Com a reputação atingida em razão de uma crise, as organizações tendem a ter prejuízos significativos, não apenas em seu balanço financeiro, mas também na forma como será encarada pelos funcionários, pela comunidade e, em muitos casos, também pelo Poder Público.

Exercícios resolvidos

Em momentos de crises, a reputação da organização pode sofrer abalos, implicando, assim, um desgaste permanente para a sua imagem e seus negócios. Diante disso, devem ser tomadas algumas atitudes para que a reputação não seja totalmente atingida ou, até mesmo, para conservá-la diante dessas situações. Uma das medidas que podem ser tomadas pelas organizações em momentos de crise se baseia nos seguintes aspectos:

a) Não demonstrar fraqueza em nenhum instante, evitando assumir a responsabilidade diante do que ocasionou a crise, buscando culpados externos à organização.

b) Esperar o tempo necessário para que a crise seja esquecida, não divulgando informações para o público, pois, quanto maior o silêncio, mais rápido será o esquecimento.

c) Realizar demissão em massa dos diretores, demonstrando, assim, a adoção de medidas drásticas com a finalidade de suspender a pressão da mídia.

d) Fazer com que seu público interno repasse informações sobre o andamento da gestão da crise, sempre afirmando que eventos assim nunca ocorreram e que não vão mais acontecer.

e) Agir com transparência, buscando a rápida resolução da crise por meio do seu gerenciamento e da adoção de medidas preventivas e de repostas comprometidas com o bem-estar da comunidade e com a legislação.

> **GABARITO: E**
>
> ***Feedback* do exercício em geral:** As organizações devem sempre se pautar pela transparência e demonstrar respeito com a comunidade e com a legislação, não devendo se abster da responsabilidade que lhes cabe, pois não é sinônimo de fraqueza assumir suas falhas, fraqueza é não as assumir. Também é necessário deixar o público externo informado dos acontecimentos por meio de um plano de comunicação preciso e honesto. Devem ser tomadas medidas para solucionar a crise, e não para suspender a pressão da mídia, pois a própria mídia não estará satisfeita até sua completa resolução. O silêncio em um momento de crise pode se tornar o pior inimigo da organização, pois informações erradas ou percepção diferente do ocorrido podem ser encaradas negativamente pelo público, assim como medidas drásticas como demissões. Essas ações não resolverão o problema e, muitas vezes, poderão ter o efeito contrário do esperado, passando uma imagem de desespero ou de decisões diante das pessoas erradas. Outro ponto é sobre dar qualquer tipo de informação ou tentar se eximir da culpa por meio de desculpas. Nesses momentos, deve existir sinceridade e informações corretas, pois é isso que o público espera.

A reputação está intrinsecamente associada ao negócio da empresa e influencia diretamente seus resultados e a sustentabilidade dessa atuação no longo prazo, complementa Prado (2017).

O trabalho para conservar a reputação corporativa está fundamentado na prevenção e na vigilância, bem como na consolidação e na inovação. Prevenção é estar treinado e pronto para respostas mais agressivas; estar vigilante para abortar difamações infundadas veiculadas. Estar plugado em todos os canais quer dizer ter uma equipe que lê e analisa o conteúdo da mídia, seja social, seja *on-line* ou *off-line*; é estar atento ao menor sinal de ruído no relacionamento com seu público estratégico; é ser inovador para criar ferramentas efetivas que construam e consolidem a reputação e demonstrem sua importância no valor de mercado das empresas, explana Prado (2017).

3.4 Gerenciamento de crise

Ao contrário do que o senso comum considera, são poucas as crises resultantes de eventos surpreendentes. Existe uma corrente entre os gestores de crises indicando a dificuldade de administrar esse tipo de crise, porque, em geral, elas chegam de surpresa. Essa é uma premissa bastante contestável entre os analistas de gestão de crises. Na quase totalidade das situações, não existe o efeito surpresa. Apenas os acidentes relacionados com a natureza, os chamados "atos de Deus", se caracterizam como crises inesperadas. No entanto, até os problemas climáticos podem hoje ser previstos, o que reduz as consequências geradoras das crises, explana Forni (2019).

Rosa (2007) explica que o ideal é que não existam crises, mas, se é preciso trabalhar no dia a dia com dedicação para evitá-las, é imprescindível também ter em mãos um plano claro e objetivo para o caso de o pior cenário se tornar inevitável. Essa perspectiva é o ponto central do conceito de gerenciamento de crises.

Por meio da gestão de crise, busca-se reduzir ou até mesmo extinguir os impactos causados, assim como os prejuízos decorrentes de um infortúnio inesperado, por meio do planejamento de ações estruturadas de forma prévia para lidar nessa situação.

Para gerenciar a crise, é preciso empenhar-se e trabalhá-la em seu conjunto. "O ponto principal da gestão de crise é a prevenção, por meio da identificação de sinais internos ou externos que anunciam a sua chegada e da preparação de estrutura para enfrentá-la", como informa o *Manual de gestão e crise de imagem* (ABRAPP, 2015, p. 11).

Qualquer organização que não esteja preparada para enfrentar situações de conflito com públicos de interesse pode, além de prejudicar seus negócios, ocasionar crises internas muito graves. Por isso, apenas um plano desenvolvido pelos atores envolvidos no processo poderá possibilitar um terreno sólido e mais seguro para o enfrentamento de situações inesperadas e adversas. Assim, a possibilidade de redução do impacto negativo é significativa, sendo que isso pode representar a sobrevivência de muitas organizações, relata Dornelles (2012).

Assumir uma atitude preventiva significa, na prática, mapear as dificuldades que poderão surgir e definir soluções antecipadamente. No momento da crise, o importante é lidar com o problema da forma mais apropriada, e isso é mais fácil se existir um planejamento prévio. Portanto, a palavra-chave (como vemos na Figura 3.7) do gerenciamento de crises é *prevenção*, entende Rosa (2007).

Figura 3.7 – Palavra-chave do gerenciamento de crises

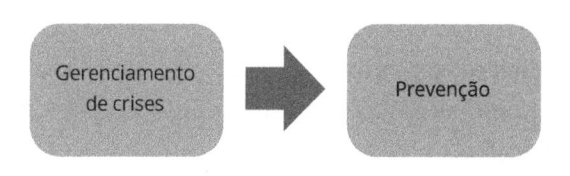

Gerenciamento de crises → Prevenção

Curado (2016) afirma que duas são as políticas que se autoexcluem ou eventualmente se complementam e são empregadas comumente pelas organizações diante de um cenário de crise: avaliar potencial, prevenindo por meio de planejamento e treinamento das equipes, ou operar no acontecimento e reduzir seus efeitos negativos. O resultado depende da qualidade da comunicação, pois é ela que associa a organização e a sua imagem ao público.

Por meio da avaliação prévia, pode-se acelerar o processo de tomada de decisões no caso da instalação de uma crise, pois, como a equipe já possui o treinamento adequado e já existe o planejamento apropriado para a situação, reduz-se o tempo de adoção das medidas. A rapidez no processo de tomada de decisões e ações corretas no momento certo podem fazer com que a reputação e os prejuízos financeiros não sejam atingidos ou, pelo menos, sejam minimizados.

Segundo Rosa (2007), um plano de gerenciamento de crises pode compreender outros elementos constitutivos, mas existem seis pontos fundamentais:

1. **Avaliação das crises mais prováveis** – Realizada por meio do mapeamento das crises que podem destruir uma organização ou um líder.
2. **Comando das situações de crise** – Definição prévia de quais líderes vão operar nos acontecimentos dessa natureza.
3. **Doutrina da crise** – Definição da maneira como a organização vai agir em cada momento de crise, quais ações precisarão ser seguidas primeiramente, que pessoas deverão ser acionadas e qual a função de cada uma delas.
4. **Base de dados** – Abrange conteúdos gerais sobre a empresa, assim como os dados positivos sobre os pontos frágeis da organização.

5. **Definição do porta-voz** – Estabelecer quem será o meio de ligação entre o comitê e os diversos *stakeholders*.
6. **Auditores da crise** – Por meio dos auditores, poderão ser disponibilizadas diversas soluções ou até mesmo críticas que auxiliem nas soluções já implementadas.

Figura 3.8 – Gerenciamento de crises

```
┌─────────────────┐        ┌─────────────────┐
│  Avaliação das  │        │                 │
│   crises mais   │        │    Base de      │
│    prováveis    │        │     dados       │
└────────┬────────┘        └────────┬────────┘
         │                          │
┌────────┴────────┐        ┌────────┴────────┐
│    Comando      │        │   Definição do  │
│  das situações  │        │    porta-voz    │
│    de crise     │        │                 │
└────────┬────────┘        └────────┬────────┘
         │                          │
┌────────┴────────┐        ┌────────┴────────┐
│    Doutrina     │────────│    Auditores    │
│     da crise    │        │     da crise    │
└─────────────────┘        └─────────────────┘
```

A recuperação da imagem pode ser concretizada caso sejam de fato aplicadas ações corretivas que possibilitem ao público o reconhecimento de que não existiu a fuga da responsabilidade. Além da reafirmação de seu propósito, é necessária a demonstração, com ações de gestão e de relacionamento por meio de diálogo aberto com os diversos públicos de interesse, em que são reconhecidos os danos provocados, demonstrando empatia por aqueles que sofreram os prejuízos decorrentes do evento, analisa Curado (2016).

É importante lembrarmos que "na estratégia de gestão de crises pode ser mais importante o que não se vai fazer do que aquilo que se vai fazer" (ABRAPP, 2015, p. 12), ou, em algumas circunstâncias, escolher por atuar reativamente, e não proativamente. Entretanto, em hipótese alguma deve-se infringir a lei, mentir, deixar de assumir os próprios erros ou se desculpar com os envolvidos.

Sem cultura de prevenção, sem instrumentos de monitoramento, sem normas de gestão de crises e sem uma ampla política de comunicação, essas empresas sequer terão a consciência da vulnerabilidade de seus ativos intangíveis (valor da marca, imagem e reputação, interação com os *stakeholders*, entre outros). Na mira de funcionários descontentes, ambientalistas, consumidores e demais públicos, atitudes incorretas podem ter consequências desastrosas. Nesse sentido, basta o comprometimento da cúpula de uma organização para a implementação de uma política de gestão de crises que garanta à comunicação a enorme importância que lhe cabe no processo, conforme demonstra Forni (2019).

Ainda segundo o *Manual de gestão e crise de imagem* (ABRAPP, 2015), em uma situação de crise, é aconselhável que seja introduzido rapidamente um comitê de crise, formado por integrantes de cada área de negócio, e comitês de unidades regionais, quando for o caso. Os integrantes dos comitês devem se reunir, periodicamente, para avaliar medidas preventivas e os focos da crise, devendo seus componentes estarem disponíveis todas as horas do dia.

> O comitê ou gabinete de crise é o fórum mais importante da organização para coordenar a gestão de crise, deve contemplar as áreas-chave. Embora a configuração seja diferente de uma

empresa para outra, algumas áreas têm a cadeira cativa no comitê. A primeira definição da diretoria da empresa deve ser o coordenador do comitê. Um cargo-chave na política do gerenciamento da crise. (Forni, 2013, p. 161)

O comitê de crise deve se reunir para propor medidas de controle e combate à crise, analisando o cenário atual e buscando as soluções mais adequadas na redução dos impactos causados à organização e sua imagem.

Existe uma corrente que admite as crises como eventos violentos e dolorosos, segundo a qual não existiria crise sem sofrimento. Apesar de não ser uma característica implícita nas crises, existe uma relação muito próxima entre crises mal administradas e esses eventos dolorosos, porque o preço da má gestão de crise pode ser muito elevado. Se a organização, apesar da crise, consegue conduzir o fator negativo, adotando os preceitos básicos da gestão de crises, ela poderá reduzir o impacto destas. Pode até acontecer o contrário: a crise acabar se transformando em uma oportunidade de crescimento, afirmação e aprendizagem para os envolvidos, como informa Forni (2019).

3.5 Prevenção e riscos

De acordo com Prado (2017), o trabalho preventivo de gestão de riscos mantém a empresa ciente da sua realidade e das questões que merecem maiores cuidados, evitando crises que podem anular o trabalho de todos os envolvidos com o sucesso dos negócios. Também constata precocemente sinais de importantes tendências, além de permitir mudanças antes que potenciais questões afetem o desempenho dos negócios.

> ### O que é?
>
> Os riscos são considerados elementos incertos e as expectativas que atuam constantemente sobre objetivos e metas, sobre os meios estratégicos e o ambiente e provocam perdas tanto no campo financeiro como moral e natural, conforme descreve Baraldi (2018).

A maioria das crises não acontece por acaso. Trata-se de consequências das tecnologias e da gestão, sendo raras as crises que ocorrem por causa de desastres naturais. Desse modo, se elas não são casuais, todo esforço efetuado no âmbito da prevenção diminui a possibilidade de ocorrer cada tipo de crise, explicita Sabbag (2018).

Para esse autor (2018), a prevenção tem como objetivos:

» desenvolver atitude de cautela e precaução, organizando e testando sistemas e processos;
» desenvolver a capacidade de acompanhar e detectar o surgimento da crise.

A crise, uma vez introduzida, exigirá maior esforço, emprego de mais recursos e trabalho ainda mais coordenado. Uma crise conduzida de forma incorreta pode até mesmo ocasionar a extinção da instituição ou de uma carreira profissional. A prevenção promove o gerenciamento da crise, pois, por meio da antecipação dos acontecimentos, torna-se mais fácil a diminuição dos estragos provocados e até a preservação da imagem da entidade, do plano ou da personalidade envolvida (ABRAPP, 2015).

O risco se transforma em um alerta para uma possível crise, mas é como se ele tivesse sido atenuado, à espera de acontecer. A crise, então, pode acontecer quando esse alerta é ignorado ou não identificado pela organização e, por isso, tem um efeito surpresa, desestabilizando o cotidiano da empresa com forte intensidade. Por fim, como já vimos, a crise é acompanhada de uma verdadeira ameaça à imagem ou à reputação de uma empresa, como demonstra Indriunas (2020).

Os riscos, ou fatores com potencial crítico, são acontecimentos que, se não controlados, podem evoluir e provocar grandes prejuízos ou danos às pessoas, ao patrimônio ou ao meio ambiente, alcançando a reputação da empresa. Por isso, qualquer risco deve ser monitorado em todas as suas fases, o que possibilita manter sob controle possíveis ocorrências, diminuindo ou, mesmo, extinguindo seu impacto sobre os negócios e a reputação da empresa, conforme Prado (2017).

Dar a devida importância aos possíveis riscos e fazer a prevenção de forma antecipada auxilia nos bons resultados na imagem institucional ou pessoal, pois pode fazer com que a crise não se instale ou até mesmo que seus efeitos sejam reduzidos, por meio da preparação prévia com implementação de ações e realização de atividades que possibilitem minimizar os possíveis danos e perdas.

Prevenir-se de crises compreende muitos fatores interdependentes, como a valorização, a ética, a boa relação com a comunidade, a coesão interna, a organização de sistemas e processos, além de um bom planejamento de crises, conforme demonstra Sabbag (2018).

> **Perguntas & respostas**
>
> Possuir planos de prevenção de riscos é uma atitude apenas para grandes empresas, visto que as empresas de médio e pequeno porte não passam por grandes momentos de crises?
>
> Não. Nenhuma empresa está imune de passar por uma crise. Claro que, quanto maior o porte da empresa, maiores serão seus prejuízos. Contudo, todas devem estar preparadas para qualquer tipo de crise por meio da implementação de planos de prevenção para esses infortúnios. Por meio do planejamento e da prevenção, consegue-se analisar quais os possíveis riscos que podem ocorrer e estar preparados para eles.

Dessa forma, devem ser identificados os riscos e os fatores relacionados a eles, classificando-os de acordo com o impacto sobre a reputação da empresa e sua possibilidade de ocorrência (Prado, 2017).

Entre os riscos que podem ser prevenidos estão os acidentes, os quais, além de gerar prejuízos econômicos e à imagem das empresas, têm potencial para provocar danos irreversíveis para toda a sociedade e ao meio ambiente, explana Prado (2017).

Conforme Prado (2017), os riscos podem ser classificados em cinco categorias, de acordo com a sua capacidade de impacto sobre o negócio e a reputação da empresa, caso venham a acontecer. Essa classificação deve ser feita em parceria com os executivos. Nesse entendimento, é importante reunir um grupo variado de pessoas que representem todas as áreas de atuação da empresa e possuam informações diferenciadas, para que se possa ter uma extensa capacidade de leitura dessas questões. Essas categorias são:

1. **Repercussão nacional/internacional** – Compreende situações gravíssimas que ameaçam enormemente os negócios e a imagem da empresa, existindo, assim, grande possibilidade de expressivo prejuízo financeiro, social e de imagem.

> ### Exemplificando
> Danos provocados ao meio ambiente, com mortos e feridos graves, que ultrapassem os limites da empresa e afetem a comunidade, conforme exemplifica Prado (2017).

2. **Repercussão nacional** – Abrange as situações de alto impacto, por envolver interesse público nacional. Normalmente há mobilizações de grupos de ação.

> ### Exemplificando
> As crises de relacionamento com autoridades governamentais, exemplifica Prado (2017).

3. **Repercussão regional** – São situações de médio impacto e englobam o risco iminente de envolvimento da mídia e autoridades regionais, como no caso de greve.
4. **Repercussão local** – Envolve algum interesse público local com questões adversas em potencial para as operações, como em situações de acidentes na área operacional.
5. **Repercussão limitada** – Inclui situações de baixo impacto nas quais há o conhecimento público, mas não existe o interesse público. Geralmente, essas ocorrências não ultrapassam o limite interno da empresa ou das suas unidades.

As empresas devem ter em mente que a prevenção é a melhor postura a ser adotada, pois esperar que a crise aconteça para buscar soluções, ou até mesmo esperar que o risco se transforme em uma crise, passa a ser um grande erro. Protelar decisões que podem ser evitadas é considerado um equívoco no mundo dos negócios, visto que esses riscos podem se acentuar e sair completamente do controle da empresa.

Assim, como vimos, a prevenção e a agilidade são qualidades que devem predominar no momento de enfrentar um risco ou uma crise. Quem vai lidar diretamente com o problema deve estar bem preparado para implementar as ações já definidas e dar respostas apropriadas aos diversos públicos de interesse já mapeados. O sucesso na condução desse processo também depende da eficácia das ações de relacionamento e comunicação, que já deveriam estar estabelecidas, como esclarece Prado (2017).

Diversas empresas tiveram de encerrar suas atividades por não conseguirem definir os procedimentos essenciais a serem utilizados ante os riscos, assim como por não possuírem planos de prevenção, fazendo com que estes se transformassem em crises insustentáveis.

Prado (2017) afirma que o incorreto gerenciamento dos riscos (Figura 3.9) gera sérias consequências, como:

» impacto negativo na reputação da organização;
» perda de clientes;
» oposição da comunidade;
» ações legais e suspensão de licenças;
» surgimento de legislações indesejáveis;
» atraso ou inviabilização de novos projetos;
» custos de publicidade.

Figura 3.9 – Gerenciamento de riscos incorreto

- Legislações indesejáveis
- Atraso/ inviabilização de novos projetos
- Custos com publicidade
- Perda de clientes
- Impacto negativo na reputação
- Oposição da comunidade

Nesse sentido, o trabalho preventivo de gerenciamento de riscos deve desenvolver estratégias para um bom relacionamento com os diferentes públicos, pois, no momento de uma crise introduzida, os representantes da empresa já estarão cientes do perfil de cada um deles, de suas demandas e seus interesses (Prado, 2017).

3.6 A comunicação em períodos de crise

A crise é um acontecimento com poder destrutivo, que afeta a reputação e ameaça a continuidade dos negócios. Quando isso ocorre, o patrimônio de imagem e de reputação acumulado será totalmente empregado para construir as pontes de comunicação e de boa vontade entre a empresa e os seus públicos (Prado, 2017).

De acordo com o *Manual de gestão e crise de imagem* (ABRAPP, 2015), a crise pode ser inevitável, razão por que não se pode menosprezá-la. É necessário que ela seja encarada e gerenciada. Essa atitude exige um relacionamento transparente, seguro e ético com a mídia, pois administrar de forma adequada a explicação que será divulgada ajuda a reduzir os riscos à imagem da instituição.

Em uma época tão informatizada como a atual, qualquer notícia existente nas redes sociais pode se transformar em uma bomba-relógio pronta para explodir e causar estragos. Assim, a comunicação é vista como uma ferramenta indispensável para que as informações sejam repassadas sem causar mais danos à imagem da organização, pois a forma correta de propagação dos fatos auxilia na maneira como esta é visualizada pelos demais públicos.

Para gerar confiança e resolver os problemas enfrentados pelas organizações nesses períodos de grandes desafios e incertezas, os gestores são obrigados a desenvolver competências de comunicação, tanto com os colaboradores quanto com os clientes e o público em geral. Também é necessário incorporar ideias como partilha de informação pela organização por meio de áreas funcionais e níveis hierárquicos, diálogo, *feedback* e aprendizagem organizacional. A comunicação aberta desenvolve relações de confiança e envolvimento de todos com os objetivos comuns, como informa Mações (2018).

A comunicação auxilia na prevenção, mas também é uma ferramenta fundamental para que, na ocorrência de uma crise, ela não fuja do controle nem se expanda e ganhe dimensões maiores que os problemas iniciais. É importante ter em mente que várias crises têm, entre seus principais elementos, a ameaça à reputação da empresa e a influência da opinião pública (Indriunas, 2020).

A comunicação, mostrada na Figura 3.10, pela sua própria estrutura, exerce um papel-chave no gerenciamento de crises, uma vez que faz a ligação entre a entidade e seus públicos, conhece quais são os interesses de cada um e busca harmonizá-los. Sabemos que a harmonia é o contrário do conflito e que este é, exatamente, o primeiro indício de uma crise, conforme relata o *Manual de gestão e crise de imagem* (ABRAPP, 2015).

Figura 3.10 – Papel da comunicação no gerenciamento de crises

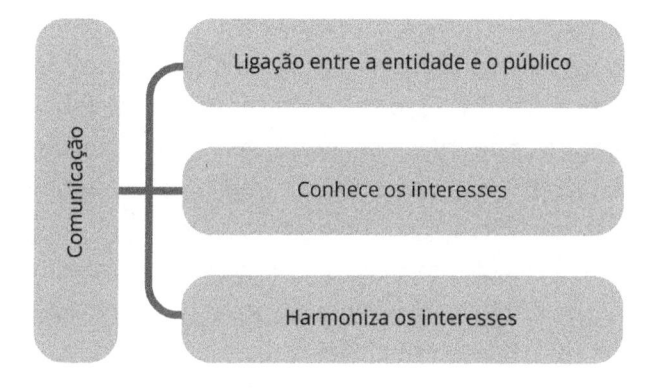

Comunicação
- Ligação entre a entidade e o público
- Conhece os interesses
- Harmoniza os interesses

Sabemos que a função da comunicação é a proteção dos valores intangíveis, dentro dos quais se encontra a imagem da empresa e de seus produtos e serviços. Assim, Maçães (2018) explica que as características que vêm regulando o comportamento de muitas organizações no atual enfrentamento das crises têm sido:

» o elemento surpresa;
» a falta de hábito de agir diante da mídia;

- » a ausência de informações destinadas aos diferentes públicos envolvidos;
- » a forma negativa como seus impactos se alastram;
- » a curiosidade atípica da mídia em relação aos episódios das mais diferentes características;
- » a mobilização da opinião pública;
- » a perda de controle das iniciativas no que se refere ao fluxo de informações.

Exercícios resolvidos

Quando se conta com um gerenciamento de crises adequado, mesmo que o problema já esteja instaurado, é possível reduzir os prejuízos de forma significativa e auxiliar na sua resolução. Para isso, devem-se ter atitudes corretas no momento da possível crise. Sobre o fato de a comunicação desempenhar um papel fundamental no gerenciamento das crises, analise as afirmativas a seguir.

I. As informações só devem ser repassadas ao público externo após a total apuração dos fatos, devendo os funcionários evitar contato com a mídia.
II. Não se deve dar importância para a mídia, pois esta, muitas vezes, repassa informações erradas, sendo preferível a fixação de boletins periódicos nas portas das empresas, para a transmissão das informações à maior interessada, que é a sociedade.
III. Deve ser estabelecido um comitê de gerenciamento de crises, o qual será responsável pelas decisões adotadas, sempre respeitando os setores internos das organizações.

IV. A comunicação exerce o papel de fazer a ligação entre a entidade e seus públicos, a fim de se conhecer quais são os interesses de cada um e buscar harmonizá-los.

Estão corretas as assertivas:

a) I e II.
b) III e IV.
c) I e III.
d) II e IV.
e) II e III.

GABARITO: B

Feedback **do exercício em geral**: Apenas as alternativas III e IV estão corretas, pois as informações devem ser divulgadas o mais rápido possível, devendo, para isso, ser escolhido um porta-voz, que será o responsável por transmitir as informações à mídia e à sociedade. Além disso, deve-se atender a mídia com presteza, abastecendo-a de informações e boletins atualizados, evitando assim que novas crises sejam geradas ou, até mesmo, elevadas. Os funcionários não devem se esconder nem evitar a mídia, mas saber as informações corretas e em tempo hábil, para que nenhum dado seja desencontrado, ou seja, a organização não pode disponibilizar uma notícia e o funcionário ficar sabendo outra diferente. A organização deve ter a mídia como parceira nesse momento e enxergá-la como um elo que irá conectar a organização e seu público, auxiliando na valorização da sua imagem.

Tendo em vista o grande número de meios de comunicação, podemos entender por que existe tanta divulgação sobre as empresas, inclusive sobre aspectos que causam controvérsias e colocam em risco a reputação destas. A comunicação corporativa foi construída justamente para agir nesse panorama e defender as empresas, seja de forma antecipada, cuidando para que haja alinhamento e coerência em suas ações de comunicação, seja reativa, esclarecendo a sua versão dos fatos em uma tentativa de reduzir impactos negativos à sua reputação, conforme analisa Silva Neto (2010).

As organizações devem ter em mente que, na maioria das vezes, a informação repassada servirá como um alívio ou uma satisfação para alguém que está ansioso por alguma notícia em um momento de desesperança, como nos casos de acidentes.

Exemplificando

Quando um avião pertencente a uma companhia aérea cai, rapidamente esse fato sai na mídia, na televisão ou na internet. Isso gera uma crise na organização. Entretanto, rapidamente os parentes ficam em choque e querem informações das possíveis vítimas, sobre como foi o acidente ou se está tudo bem. Essas companhias devem possuir um plano de comunicação eficiente com essas pessoas.

As notícias negativas ganham fácil destaque na mídia e podem ser publicadas na forma de acusações que chegam de surpresa, carregadas de ameaças e exigindo respostas que nem sempre estão prontamente disponíveis (Silva Neto, 2010).

Forni (2019) lembra que não basta tentar escapar da crise somente por meio da perspectiva da operação. Na sociedade da informação, as decisões são adotadas por percepções, pois as versões correntes de uma crise podem até ser mais prejudiciais do que o problema principal.

Dornelles (2012) afirma que, para agir de forma eficiente no gerenciamento de crises, a organização deve ser:

» **Aberta** – Nada pode ser escondido ou camuflado, pois vivemos em um ambiente informacional, no qual não se pode mais esconder coisa nenhuma do público.
» **Rápida** – Quanto mais rápidas forem as respostas, menor será o vácuo informacional.
» **Verdadeira** – Falar somente a verdade, mesmo que ela seja negativa, pois o melhor é assumir a culpa, deixando as explicações para depois.
» **Amplamente comunicativa** – Buscar estar presente nas múltiplas mídias e, principalmente, manter informações em uma plataforma *on-line*.

Figura 3.11 – Organização e gerenciamento de crises

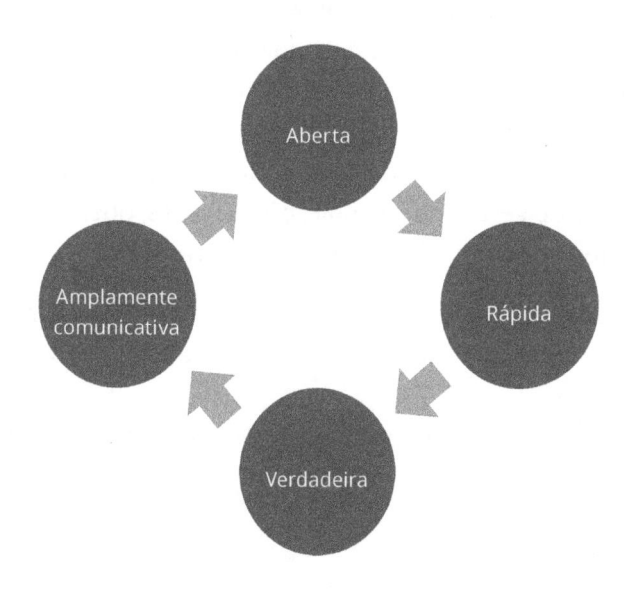

O poder da mídia, no campo das marcas, coloca as empresas – sejam pequenas, sejam mundiais – em situações críticas e delicadas. Esse poder pode até destruir uma marca. Para evitar que isso aconteça, a resposta deve sempre ser rápida e verdadeira, lembra Tavares (2003).

As organizações devem se pautar na transparência das suas ações diante das situações de crise e na honestidade com o público externo e interno por meio de um posicionamento claro referente a quais medidas estão sendo adotadas, assim como o diálogo deve ser periódico, transmitindo informações atualizadas e precisas, pois assim gerará a confiança que tanto se espera nesses momentos.

Silva Neto (2010) informa que, quando as pessoas estão em conflito, tendem a se fechar e não aceitar os argumentos da outra parte, por mais corretos que sejam. Para essas pessoas, a percepção é realidade. Nessas situações, a comunicação precisa ser diferente da convencional, pois seu propósito será mitigar a rejeição oriunda da desconfiança, da percepção de risco, do ruído e da dominância negativa. A utilização da empatia e do endosso de terceiros com reconhecida credibilidade, por exemplo, são algumas das técnicas que podem auxiliar no restabelecimento da comunicação.

Outro exemplo, citado por Silva Neto (2010), é a elaboração de planos de gestão de comunicação de crises, que, na maioria das vezes, contam com as seguintes técnicas:

» estudo de vulnerabilidades com potencial de provocar crises;
» elaboração antecipada de planos para conduzir as crises potenciais;
» treinamento do pessoal que operará na gestão de crises.

Um plano de gerenciamento de crises, perante a ótica da comunicação, trata-se de um conjunto de medidas, posturas e conformidades capazes de fazer com que o sucesso de uma ação no lugar onde aconteceu uma situação adversa possa ser captado como tal, descreve Rosa (2007).

As novas tecnologias correspondem a uma forma de comunicação imediata e eficiente para chegar a vários públicos com uma rapidez de transmissão necessária para a resolução ou a redução dos impactos de uma crise. Mas, para isso, a empresa deverá estar preparada, e é imprescindível que os elementos participantes na comunicação estabeleçam um sistema de troca de informações entre eles, por meio de contatos permanentes nas diferentes fases da crise, ilustra Dornelles (2012).

Para saber mais

Aprofunde-se nesse assunto com a leitura do artigo "Gestão comunicacional de crises e imagem corporativa: uma relação de interferências na realidade da organização adventista", de Lemos et al. (2017). Nele, os autores abordam a importância da gestão de crises realizadas de forma profissional dentro do campo da comunicação, visto que as crises podem afetar a imagem corporativa na percepção do público.

Diante dessas situações, reais ou potenciais, a comunicação corporativa busca detectar e recomendar soluções para as vulnerabilidades das empresas e, assim, efetuar um grande esforço antecipado de preparação interna para evitar surpresas, ameaças e pânico provocados pelo forte assédio do público, explicita Silva Neto (2010).

A comunicação em situações de crise, em parceria com o setor jurídico e demais áreas envolvidas, baseia-se no desenvolvimento de estudos, planos e programas para que a empresa possa se comunicar correta e rapidamente com seus públicos em momentos de crise provocadas por suas operações ou por motivos fora do seu controle, explana Silva Neto (2010).

Para Prado (2017), talvez o papel mais complicado na linha de frente de uma crise seja o do comunicador, pois cabe a ele a função de convencer os demais membros de um comitê de crise sobre a importância da comunicação interna e externa. Assim, o corpo gerencial precisa estabelecer uma aliança com os *stakeholders*, saber como se dirigir a eles e mapear suas reações.

Sabbag (2018) afirma que todo esforço de comunicação institucional é fundamental, pois consolida a imagem e torna a organização conhecida. No campo da imagem e da reputação, é relevante expandir e sustentar canais de comunicação desimpedidos com os principais veículos de comunicação e formadores de opinião.

Síntese

» As crises alteram o fluxo de atividades comuns das empresas, gerando, muitas vezes, danos e más notícias, e podem ser causadas por diversos fatores, como conflitos humanos ou políticos, desastres naturais ou ações ou omissões institucionais e empresariais.

» As crises de imagem podem afetar tanto pessoas físicas como empresas, governos, marcas, entre outros; quando mal administradas ou não resolvidas, podem abalar a credibilidade e a reputação.
» A reputação e a imagem de uma empresa são seus principais ativos e a garantia de negócios futuros e da sua existência, por isso, quando esta passa por uma crise, haver um impacto muito negativo nesses ativos, apresentando-se até mesmo de forma definitiva.
» O gerenciamento das crises, por meio de um planejamento prévio, é necessário para a busca da redução ou da eliminação dos impactos provocados nessas situações. Assim, é de suma importância que as organizações se previnam, definindo soluções antecipadas e mapeando as dificuldades que poderão aparecer.
» Por meio da prevenção, podem ser desenvolvidas formas de acompanhamento e de detecção de surgimento da crise, assim como poderá ser reduzida a probabilidade de acontecimentos de cada tipo de crise.
» Os riscos são um tipo de alerta para uma possível crise e podem ser classificados em cinco categorias: repercussão nacional/internacional, repercussão nacional, repercussão regional, repercussão local e repercussão limitada.
» A comunicação é essencial para auxiliar as organizações nos momentos de crise, auxiliando na prevenção e na propagação das informações a seu público interno e externo. Porém, essa comunicação deve ser realizada de forma eficiente, rápida, aberta, verdadeira e amplamente comunicativa.

4 Personal branding

Conteúdos do capítulo:

» Conceituação de *personal branding*.
» Desafios na construção das marcas.
» Diferenças e semelhanças entre marcas de produtos, serviços e pessoas.
» Principais estratégias de *branding*.

Após o estudo deste capítulo, você será capaz de:

1. definir *personal branding*;
2. compreender os desafios enfrentados na construção das marcas;
3. identificar as diferenças e semelhanças entre marcas de produtos, serviços e pessoas;
4. explicar as principais estratégias de *branding*.

Neste capítulo definiremos o que é *personal branding*, identificando os desafios enfrentados na construção das marcas e as diferenças e semelhança entre marcas de produtos, serviços e pessoas, bem como explicaremos as principais estratégias a serem adotadas no *branding*.

Introdução do capítulo

As marcas passaram a desempenhar uma função importante e determinante para o sucesso de produtos e serviços em um mercado tão competitivo, pois têm influência no dia a dia do consumidor. Elas exercem o papel de conduzir uma garantia de qualidade ou, pelo menos, de auxiliar os consumidores nesse assunto.

Com o passar dos anos, deu-se muita ênfase às marcas pessoais, que atualmente vêm ganhando um espaço significativo na mente das pessoas. Na mesma proporção cresceu a preocupação para que a marca pessoal seja percebida de forma positiva, pois, como acontece com os produtos e serviços, as marcas pessoais também influenciam nosso cotidiano.

Diante disso, as pessoas que desejam ter uma marca consolidada no mercado devem se preocupar com todo o seu processo de gestão, pois uma marca pode até ter uma certa visibilidade por determinado tempo, mas, sem uma boa gestão, ela acaba sendo esquecida rapidamente.

O *personal branding* surge como um auxílio para as marcas conseguirem não apenas serem construídas na mente dos clientes, mas também para que permaneçam e sejam fidelizadas por eles por meio da demonstração de que são confiáveis.

4.1 Definição de *personal branding*

É comum olharmos para determinado nome de uma empresa famosa e já nos lembrarmos dos seus produtos. No entanto, para que essa percepção se torne visível com facilidade, as empresas ou os indivíduos devem possuir um plano de gestão que os torne únicos, posicionando-os em um lugar de relevância para seu público.

Assim, as marcas se tornaram diferenciais no mercado ou, até mesmo, uma questão estratégica de sobrevivência, devendo ser geridas com muita organização e planejamento.

Para Freitas e Machado Neto (2015, p. 65), "a marca é um elemento orgânico que personaliza e dá vida às empresas, é a materialização da cultura, dos valores e dos propósitos corporativos". A função diferenciadora da marca extrapola os aspectos funcionais do produto ou serviço que representa e adentra no espaço psicológico do consumidor por meio da promessa de vantagens futuras pela utilização daquele bem.

A função da marca, de acordo com Waltrick (2015), é identificar um produto ou serviço ou até o nome de uma organização, uma ideia, um artista, entre outros, recebendo destaque como um elemento diferenciador. Isso remete ao fato de que a marca é formada por valores tangíveis e, principalmente, pelos intangíveis, em que ela é mais que um nome, compreendendo vários outros elementos (símbolos, logotipos, sinal, desenho) e significados (emoções, benefícios, características, entre outros).

A marca pode ser apontada como um precioso ativo para as empresas, digno de atenção e cuidados específicos para sua construção e seu gerenciamento, relatam Freitas e Machado Neto (2015).

O *branding* vem se tornando fundamental para a gestão das marcas no mercado atual, independente do detentor dessa marca, podendo ser empresas ou indivíduos que queiram se tornar relevantes em um ambiente cada vez mais competitivo.

Segundo Tomanini (2009), o termo *branding* vem da palavra inglesa *brand*, que quer dizer "marca". Contudo, esse termo vai além do simples substantivo, pois *branding* engloba todo processo de avaliação, identificação e concepção da marca, como vemos na Figura 4.1.

Figura 4.1 – Conceito de *branding*

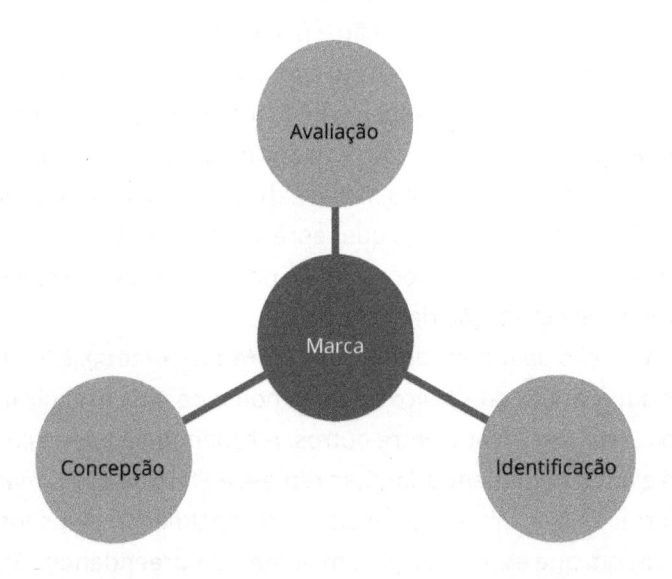

```
         Avaliação
             |
           Marca
          /     \
   Concepção   Identificação
```

Dessa forma, *branding* é mais do que uma logomarca, é toda filosofia, posicionamento e credibilidade de uma empresa manifestados por um símbolo, que deve provocar tais percepções no cliente por meio de suas cores, linhas e formatos, esclarece Tomanini (2009).

O que é?

A logomarca se baseia no desenho colorido que suscita no consumidor a sua respectiva identificação, representando visualmente qualquer marca.

Para Kotler e Keller (2006, p. 269), o *branding* passa a existir como a maneira de

> dotar produtos e serviços com o poder de uma marca. Está totalmente relacionado a criar diferenças. Para colocar uma marca num produto, é necessário ensinar aos consumidores 'quem' é o produto – batizando-o e utilizando outros elementos de marca que ajudem a identificá-lo –, bem como a "que" ele se presta e "por que" o consumidor deve se interessar por ele. O branding diz respeito a criar estruturas mentais e ajudar o consumidor a organizar o seu conhecimento sobre produtos e serviços, de forma que torne sua tomada de decisão mais esclarecida e, nesse processo, gere valor à empresa.

O *branding* se baseia na gestão da marca, a qual deve ser construída no dia a dia para que os benefícios sejam obtidos, tornando-se, atualmente, um mecanismo estratégico de diferenciação e posicionamento. Ele é entendido como forma de construção de uma marca partindo da conjectura de diferença, evidenciando na mente do consumidor determinada ideia, conforme as diversas experiências anteriores desse mesmo consumidor com a marca, descreve Moura (2017).

Personal também é uma palavra de origem inglesa e quer dizer "pessoal". Desse modo, a expressão *personal branding* engloba o estudo que cada indivíduo deve fazer de si próprio, a identificação de suas características (seus pontos fortes e fracos), defeitos, qualidades, pontos que devem ser aperfeiçoados, postura, história pessoal, mensagem que se quer passar ao mercado, percepção provocada nos outros, ou seja, como os outros o enxergam, entre outros, informa Tomanini (2009).

O processo de gestão de marcas, conforme Andrade (2019), também pode ser designado de várias outras formas, como *branding* pessoal, *self branding* ou, até mesmo, *self-marketing*.

De acordo com Reis (2015), o conceito de *branding* pessoal é relativamente recente, com origem no ano de 1997, quando o escritor Tom Peters, em artigo para a revista de gestão *Fast Company*, usou pela primeira vez o termo *marca pessoal*, com a premissa-chave para o *branding* pessoal de que todos possuímos uma marca pessoal ou um sinal de distinção.

Perguntas & respostas

Personal branding é o mesmo que *marketing pessoal*?

Não. O marketing pessoal tem como pressuposto o alcance do sucesso profissional, sendo fundamental para quem quer entrar no mercado ou apenas se manter nele. O marketing pessoal pode ser utilizado no *personal branding* por meio da comunicação da marca pessoal. Já este é bem mais amplo e se baseia na gestão do indivíduo como uma marca, auxiliando na percepção que o outro possui e no posicionamento almejado.

Abreu (2020, p. 51) define *personal branding*, mostrado na Figura 4.2, como "uma consultoria baseada em mapeamento, planejamento e descoberta dos talentos e do que se pode tirar do indivíduo para que se obtenha o sucesso profissional". É explicar o que deve ser feito e projetar o indispensável para que saia do mero especulativo e possa se consolidar como uma conquista.

Figura 4.2 – Definição de *personal branding*

Visual Generation/Shutterstock

O nosso estilo de vida é o reflexo da nossa marca pessoal. Assim, o preceito-chave de *branding* é que a marca deve ser simples, clara e sólida, relata Reis (2015). Segundo Barbosa (2019, p. 23):

> O processo de Personal branding trata da construção e gerenciamento da marca pessoal e já é reconhecido como fundamental para a estratégia de posicionamento de pessoas bem-sucedidas em âmbito global, como é o caso de figuras públicas, como artistas, atletas, políticos e afins. Atualmente, o assunto já desperta o interesse de pessoas consideradas comuns, que querem se posicionar de forma diferenciada junto à sua rede de relacionamento, seja por motivos pessoais ou profissionais, especialmente, após o fenômeno e velocidade proporcionado pelas mídias sociais.

O *branding* pessoal é apontado como um processo imprescindível a se levar em consideração, tornando-se para o indivíduo um diferenciador no mercado no qual a concorrência está cada mais acirrada.

Podemos mesmo dizer que o *branding* é frequentemente visto como uma forma ideológica de influência e que, por isso, um indivíduo que tenha uma marca pessoal importante possui a capacidade de transformar a opinião dos outros, uma vez que as pessoas se interessam em interagir com esses indivíduos, destaca Reis (2015).

Entretanto, as marcas, por mais poderosas que sejam, não devem se descuidar da sua gestão, pois um simples deslize pode acarretar sérios prejuízos, como no caso de falta de planejamento ou até mesmo de erros no lançamento de produtos ou serviços.

Melo (2014) explica que, para observarmos melhor a importância da gestão da marca, devemos analisar a quantidade de marcas que registraram prejuízos e demissões nos últimos anos, mesmo marcas conhecidas que não tiveram seu gerenciamento realizado da forma correta.

Para saber mais

Aprofunde-se nesse tema lendo o artigo de Afonso Pimenta (2021), "Produtos de marcas famosas que deram errado". Nesse artigo, é demonstrado como empresas grandes e com marcas consolidadas erraram, causando prejuízos no lançamento de produtos que se tornaram um fracasso.

Personal branding é um recurso empregado para que o cliente se torne relevante no mercado, diferencie-se e vincule-se com o seu público de forma mais humana e fidedigna, além de elevar o seu campo de relacionamentos de maneira preciosa. Não se trata de um crescimento inchado e desenfreado, mas de proporcionar um crescimento que resulte em relevância e lucros para o cliente, conforme explana Abreu (2020).

Todos possuem uma marca pessoal, quer esta seja apontada de forma positiva, quer negativa, mas muitas pessoas não prestam atenção nisso e acabam não a gerenciando estrategicamente. Podemos observar exemplos de *Personal branding* levando em consideração as imagens que lembramos quando pensamos em algumas figuras públicas conhecidas mundialmente, como o jogador de futebol Neymar ou até mesmo a rainha Elizabeth.

Reis (2015) afirma que diversos autores consideram que o *branding* é um processo que se resume em três etapas: extrair, expressar e divulgar, sendo que, primeiramente, o indivíduo deverá fazer uma reflexão para encontrar os seus atributos-chave identificadores: "a sua promessa única de valor". Após isso, constrói-se uma declaração da marca pessoal em torno do conjunto de atributos e, finalmente, cria-se uma estratégia para tornar a marca visível para o mundo exterior. Vemos essas etapas na Figura 4.3, a seguir.

Figura 4.3 – Etapas do *branding*

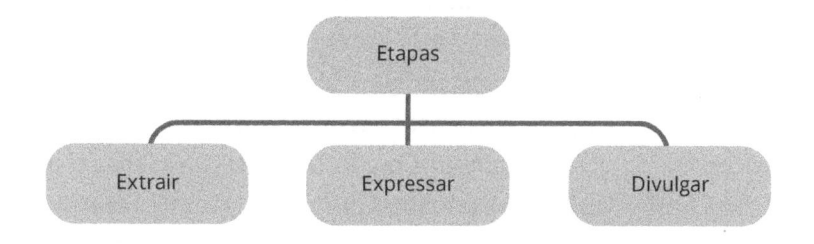

```
                    ┌─────────┐
                    │ Etapas  │
                    └────┬────┘
         ┌───────────────┼───────────────┐
    ┌────┴────┐     ┌────┴─────┐    ┌────┴────┐
    │ Extrair │     │ Expressar│    │ Divulgar│
    └─────────┘     └──────────┘    └─────────┘
```

Lewis (2019) explica que a marca pessoal é simplesmente uma "auto embalagem", pois se trata da imagem e da percepção que é inserida nas mentes das pessoas sobre si próprio. A ideia da marca pessoal gira em torno de desenvolver uma percepção de si mesmo e popularizar essa percepção.

No marketing tradicional, a embalagem do produto tem um poder significativo para o consumidor no momento da compra. Com a marca pessoal, o raciocínio é o mesmo, pois deve "embalar-se" para que se possa apresentar de forma profissional e confiável, apresentando-se assim como um fator importante para o sucesso nos negócios. Por esse motivo, não se deve subestimar o poder de impacto que uma marca possui no contato inicial com uma pessoa, entende Andrade (2020).

Dessa forma, o indivíduo deve refletir sobre quem ele é e retirar de si tudo aquilo que ele quer que seja mostrado, e, por meio dessa autorreflexão, poder divulgar quais suas qualidades e seus pontos fortes para a criação da sua marca.

4.2 Desafios na construção da marca

No campo das marcas corporativas, cada vez mais o marketing está orientado na construção de experiências valiosas para seu público, com o objetivo de agregar valor e lealdade para elas. Quando se fala em gerenciamento de marca pessoal, a situação não é diferente. As pessoas e as organizações são avaliadas conforme a magnitude das experiências valiosas (boas ou ruins) que produzem todos os dias em seus contatos (sejam importantes para você ou não), explicita Bender (2009).

Caim (2019) afirma que, historicamente, a marca surgiu com a finalidade de diferenciar determinado produto dos demais concorrentes no mercado. Entretanto, no decorrer do tempo e com o aparecimento de técnicas mais sofisticadas de mercado, a marca começou a ser trabalhada como um ativo importante da organização, ganhando protagonismo em relação aos produtos.

Exemplificando

A Gillette é uma marca corporativa que carrega uma grande família, pois possui, além dos conhecidos aparelhos de barbear, gel, cremes de barbear, desodorantes, entre outros produtos. Dessa forma, descarta-se a necessidade de investimento na divulgação de cada novo produto, podendo este ser agrupado apenas na marca.

Consolidar uma marca no mercado atual não é uma tarefa fácil. Deve-se buscar os meios adequados desde os passos iniciais da sua construção, sendo imprescindível, para isso, muita persistência e dedicação.

Aaker (2015) explica que uma marca é a promessa de uma empresa ao cliente de consolidar aquilo que ela simboliza quando se fala em vantagens funcionais, emocionais, de autoexpressão e sociais, mas não apenas isso; ela também é uma relação que se desenvolve baseada em percepções e experiências que o cliente apresenta toda vez que estabelece um contato com a marca.

A marca foi durante muito tempo a expressão do produto ou serviço. Atualmente, existe a noção de que a marca significa muito mais do que a simples identificação. Contudo, com o passar dos anos, ela passou a ser algo mais flexível e tangível, dado que representa as percepções do consumidor, menciona Melo (2014).

Para Oliveira (2008), o conceito de marca, mostrado na Figura 4.4, compreende dois elementos fundamentais: (i) sua identidade: aquilo que pode ser controlado; e (ii) sua imagem: aquilo que é captado pelo consumidor.

Figura 4.4 – Conceito de marca

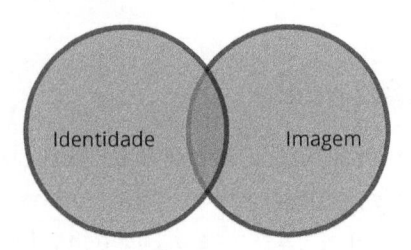

Desse modo, a marca alcança não apenas o nome, mas também tudo que está associado à imagem da pessoa ou da organização, assim como as experiências do cliente com ela, suas percepções e as sensações que provoca no público.

A identidade da marca, em muitas situações, passa a ser o apontamento que consegue delinear a visão de longo prazo para a marca da organização ou de seus produtos, detalhando seu propósito, posicionamento e conjunto de diferenciação. Ela se torna um elemento central para a estratégia empresarial, como um grande objetivo que todos na organização, cada um no seu campo de atuação, trabalham para entregar, esclarece Bedendo (2019).

O objetivo da marca é ter o reconhecimento da sociedade, conquistar novos clientes e fidelizar os antigos. Enquanto a marca existir, a construção de sua identidade se apresenta como um processo constante, que está sempre em mutação, explicita Waltrick (2015).

Conservar padrões é fundamental para organizar de forma coerente a identidade da marca; por isso, muitas organizações têm um Manual de Identidade Visual (MIV), também chamado, em alguns casos, de *brandbook*, ou seja, "livro da marca". Nesse documento, são descritas as regras de utilização e aplicação das marcas, como explana Caim (2019).

Waltrick (2015) destaca que gerenciar uma marca tornou-se, atualmente, uma característica de extrema relevância na construção e no valor desta, pois não adianta investir somente em posicionamento, é preciso também analisar a arquitetura da marca e tudo o que deriva dela.

Diante da acirrada e crescente concorrência global entre as empresas, em que os produtos são, cada vez mais, semelhantes em seus atributos físicos e funcionais, a existência de um fator diferenciador, no caso, a marca, revela-se de grande importância tanto para os consumidores, como elemento de escolha, quanto para as empresas, como instrumento de capitalização de ativos, lembram Freitas e Machado Neto (2015).

Diferenciar as marcas e adicionar-lhes algo único, que possa ter valor no mercado, é um dispositivo essencial para as marcas corporativas e pessoais. Esse ponto é indispensável em *personal branding* por ser extremamente complexo na conceituação, na aplicação e no gerenciamento de marcas pessoais, como entende Bender (2009).

Bedendo (2019) afirma que a marca se torna o elemento mais visível e tangível da estratégia empresarial, combinando a visão e o propósito da marca e da empresa. Ela passa a organizar e a dar preferência para os esforços empresariais, tornando-se uma vantagem competitiva sustentável para aquelas que conseguem gerar um diferencial perceptível para seus clientes e fornecedores.

Os componentes que identificam a marca e seus diferenciais agregam valor, fazendo com que ela seja desejada pelos clientes e, muitas vezes, conseguindo até sua fidelização. Esse valor pode se dar no âmbito emocional, funcional, financeiro ou até mesmo físico, dependendo dos produtos ou serviços oferecidos e também do seu público-alvo.

O nome de uma marca é estrategicamente expressivo para uma organização ou para o indivíduo e deve se refletir sobre sua grafia, sua sonoridade e seus significados. Todo gestor de marcas deve estar atento à construção do nome, exatamente para que seus significados sejam devidamente controlados e possam acrescentar valores positivos aos serviços ou produtos (Caim, 2019).

Exemplificando

Duas pessoas com o mesmo nome ficaram muito conhecidas no futebol não apenas brasileiro, mas mundial: "Ronaldinho Gaúcho" e "Ronaldo Fenômeno". Os jogadores fizeram desses nomes sua marca pessoal, por causa do significado que tinham para suas vidas e para o futebol.

A construção de uma marca é um trabalho de equilíbrio entre coerência estratégica e consistência no seu cumprimento por meio das experiências do consumidor com a identidade visual corporativa, o produto ou serviço disponibilizado e seu apelo emocional, menciona Waltrick (2015).

Conforme Oliveira (2008), as informações que se referem às marcas são aquelas que podem ser legitimamente protegidas e que servem para identificá-la e diferenciá-la, cujas funções são:

» ampliar a lembrança da marca;
» desenvolver associações de marcas fortes, promissoras e exclusivas;
» provocar julgamentos e sentimentos favoráveis sobre a marca.

Figura 4.5 – Funções da marca

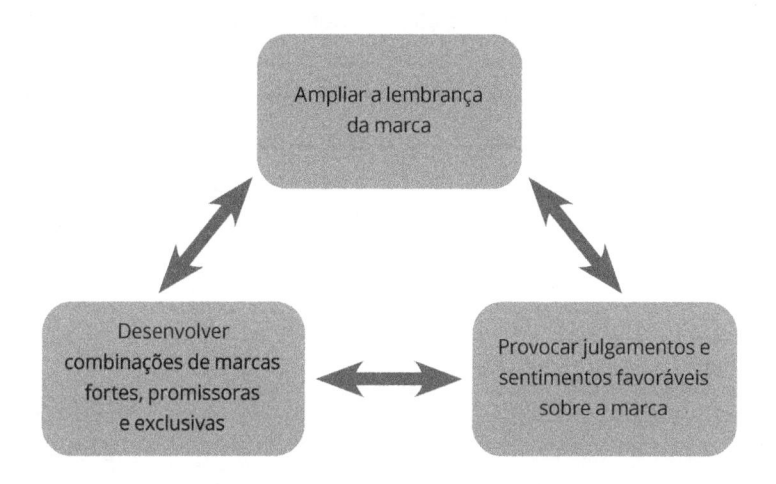

```
                    ┌─────────────────┐
                    │ Ampliar a lembrança │
                    │    da marca     │
                    └─────────────────┘
                      ↑              ↑
                      ↓              ↓
   ┌──────────────────┐        ┌──────────────────┐
   │   Desenvolver    │        │ Provocar julgamentos e │
   │combinações de marcas│ ←→ │ sentimentos favoráveis │
   │ fortes, promissoras │    │    sobre a marca    │
   │   e exclusivas   │        │                  │
   └──────────────────┘        └──────────────────┘
```

Uma marca forte pode desenvolver demandas e levar ao consumo por meio de uma linguagem subliminar por trás do processo comunicativo, o qual pode alcançar níveis mentais inconscientes e fazer com que, muitas vezes, a escolha do consumidor seja orientada mais pelo aspecto emocional do que pelo racional, explicitam Freitas e Machado Neto (2015).

Muitas vezes, os consumidores optam por um produto ou serviço ou, até mesmo, têm estima por uma pessoa simplesmente pela forma como sua marca está sendo divulgada, ativando em si um sentimento positivo em relação àquela divulgação.

A definição da personalidade da marca é um aspecto importantíssimo na sua construção. Se desde o início existir a preocupação em conferir à marca uma personalidade baseada em honestidade, força, sinceridade, certamente ela será reconhecida dessa forma pelo consumidor e terá o seu aval, conquistando sua confiança, entende Oliveira (2008).

A marca pessoal dá à pessoa uma impressão positiva de si própria e de sua personalidade. Na maioria das vezes, indivíduos são associados ou conectados a empresas, marcas ou produtos. Isso significa que as pessoas são mais tendentes a patrocinar uma empresa ou negócio se alguém com uma forte marca pessoal está unida a ela, e é por isso que a maioria das empresas e dos negócios contrata celebridades e pessoas famosas para a propaganda dos seus produtos e serviços; é também por isso que as empresas não se associam com pessoas que apresentam marcas pessoais negativas, descreve Lewis (2019).

Exercícios resolvidos

As marcas se tornaram fundamentais para as organizações e as pessoas que querem se destacar no mercado, devendo ser constantemente lembradas pelo público-alvo. Elas incluem elementos que podem ser percebidos tanto pelos clientes como por aqueles que seu detentor pode controlar e fazem parte da chamada *identidade*. Sobre a identidade da marca pessoal, assinale a alternativa **incorreta**:

a) A identidade da marca pessoal compreende uma pluralidade de dimensões, devendo esta ser clara e autêntica para ser confiável e estar de acordo com os valores do indivíduo.

b) A identidade é composta de aspectos como experiências, atributos, valores e crenças dos indivíduos que devem ser analisadas para a criação da marca.
c) A identidade é algo imutável, que, depois de ser definida, não pode ser alterada por nenhum motivo, pois, caso isso aconteça, pode gerar desconfiança por parte dos clientes.
d) A identidade da marca pessoal muitas vezes é reconhecida pelo consumidor por meio dos valores inerentes à marca, que envolve vários tipos de sentimentos, como emoção e lealdade.
e) A identidade da marca pessoal é encarada como um elemento pessoal e intransferível, fazendo com que a pessoa seja única entre várias outras.

GABARITO: C

***Feedback* do exercício em geral**: A identidade é algo que se molda com o tempo, podendo ser transformada em busca de adequações e sobrevivência. Contudo, deve-se ter o cuidado para não perder a consistência da marca, ou seja, caso seja necessário modificar algo, deve-se ter cautela para não descaracterizar a marca por meio de grandes mudanças, assim como não comprometer a percepção já formada na mente do consumidor. Dessa forma, ela pode, sim, ser mudada, mas depende do motivo e da forma que irá acontecer essa mudança.

> Para que a identidade passe uma percepção de confiabilidade, ela deve estar de acordo com o que o indivíduo é de verdade, ou seja, passar autenticidade. Além disso, devem ser analisados diversos aspectos dos indivíduos, por exemplo, atributos, pontos fortes, crenças, entre outros. Para que a marca pessoal seja reconhecida por alguns clientes, ela deve transmitir seus valores atuando por meio dos sentimentos dos consumidores. Dessa forma, ela será reconhecida como especial e única, escolhida pelo que demonstra ser, passando a fazer parte da preferência do seu público.

Caim (2019) destaca que a marca tem como principais atributos:

- **A capacidade de transferir autenticidade para o produto**: Significa que a marca pode e deve prometer ao consumidor uma certa autenticidade, o que pode ser confirmado quando se observa um produto falsificado no mercado.
- **A capacidade de prometer certa *performance***: Por meio de produtos que garantam conforto, segurança, agilidade ou até mesmo refrescância, por exemplo.
- **Criar lealdade**: Por meio do convencimento de que ela será a melhor opção.

Qualquer marca apresenta um envolvimento direto e pessoal com o produto ou serviço. Contudo, o que caracteriza a lealdade do consumidor é a transparência com que o produto ou serviço é disponibilizado ao mercado, como informa Melo (2014).

Aaker (2015) explica que a fidelidade está no núcleo do valor de qualquer marca. Assim, um dos objetivos da construção da marca é expandir o tamanho e a intensidade de cada segmento de fidelidade, tornando-a alicerce do relacionamento com o cliente, mais consistente no longo prazo e, sempre que possível, mais rica, profunda e significativa.

Para Oliveira (2008), o cliente é fiel à sua marca quando ela apresenta consistência, inspira confiança, assegura o seu acesso e lhe dá respostas satisfatórias, superando suas expectativas.

O público deve confiar na marca para poder ser fiel a ela, portanto, ela deve ser construída dentro dos padrões esperados e desejados, pois assim será vista como de grande valor. Quanto mais elevada for a confiança do consumidor em uma marca, quanto maior for o índice de recompra e maior o número de compradores de uma marca recomprando essa marca por um tempo cada vez mais longo, maior será o valor desta marca, descreve Waltrick (2015).

Mas a confiança não é algo fácil de se conquistar e não surge do nada; é preciso muito esforço e dedicação para se conseguir a confiança do público. Ela é construída a passos lentos, na direção certa, no mesmo sentido, adicionando valor às percepções alheias. Este é o cerne do gerenciamento de marcas pessoais: construir confiança na diferença que se faz para o mercado de acordo com a visão dos outros. Desse modo, constrói-se a percepção de valor por meio da confiança, explana Bender (2009).

Montoya e Vandehey (2010) citam algumas verdades sobre as marcas pessoais:

» **Criar uma marca leva tempo** – A marca cresce no seu próprio tempo.
» **Marcas crescem organicamente** – As marcas pessoais se desenvolvem no nível mais básico, baseados nos relacionamentos, na coerência e na mensagem que está por trás da marca.
» **Marcas não são racionais** – A natureza irracional das decisões deve ser levada em consideração ao se construir uma marca.

» **As marcas exigem compromisso absoluto** – A maioria das grandes marcas é construída por meio da pura persistência e repetição, não existindo, assim, soluções mágicas, apenas muito trabalho e decisões inteligentes.

» **Marcas sempre têm efeito** – As marcas sempre funcionarão de alguma forma. Caso ela seja forte e atraente, melhorará o negócio e aumentará os lucros; caso seja uma marca artificial e com pouco suporte, será desperdício de dinheiro e prejudicará o negócio.

Os decisores da marca deverão refletir sensatamente sobre suas estratégias de atuação, as quais se desdobram no estabelecimento de pontos de venda, na relação com os negócios, nas estratégias de comunicação para a marca, em toda a sua identidade visual e em diversos outros aspectos relacionados a um lançamento, conforme ilustra Caim (2019).

Montoya e Vandehey (2010) destacam que a finalidade de uma marca pessoal é repassar a promessa essencial, de modo que ela esteja sincronizada com os valores das pessoas que se quer ter como cliente. Por isso é fundamental que se possua todo o conhecimento possível sobre o mercado-alvo.

Diante disso, um aspecto importante é sobre o campo em que a empresa vai atuar, por meio do maior número possível de informação sobre o território que vai encarar para ter sucesso. Deve-se analisar todo o ambiente e descobrir em que território está se entrando, quais mudanças estão acontecendo, que valores são críticos nessa área, que conhecimentos e habilidades são valorizados, que diferenças são vitais para vencer o jogo lá na frente, destaca Bender (2009).

Os desempenhos e as habilidades devem ser compatíveis com a imagem que se pretende desenvolver e que se quer criar diante do público-alvo, visto que a marca disponibilizada será julgada pelo que é demonstrado e despertado diante do consumidor.

Segundo Montoya e Vandehey (2010), sua marca pessoal é você aperfeiçoado e apresentado por meio de métodos de comunicação hábeis e sofisticados. Ela é planejada com a finalidade de transmitir duas informações vitais para o seu mercado-alvo: (i) quem você é como pessoa; e (ii) qual é a sua especialidade.

Primeiramente, sua marca pessoal é a imagem que vem à mente dos clientes em potencial quando eles pensam em você, representando seus valores, sua personalidade, suas qualificações e as qualidades que fazem de você um indivíduo especial entre seus concorrentes. Em segundo lugar, uma marca pessoal é uma promessa, pois ela informa aos clientes em potencial o que eles devem esperar de você, informa Montoya e Vandehey (2010).

Definir a promessa central de uma marca é determinar a própria razão da existência dela, devendo esta ser relevante para o consumidor, atuando como um filtro mental que auxilia na exclusão de iniciativas inadequadas relacionadas com a marca, informa Waltrick (2015).

Montoya e Vandehey (2010) ainda complementam que uma marca pessoal se baseia em um relacionamento que desempenha influência sobre os clientes, tanto os profissionais quanto os de fato. Dessa forma, os atributos da sua marca determinarão quanta influência você terá.

Diante da imagem repassada, será realizado um juízo de valor no qual a marca será aceita ou não pelo público. Assim, deve-se ter muita atenção na imagem repassada e na influência que esta está gerando no mercado.

Portanto, deve-se refletir sobre o impacto que suas experiências podem apresentar em seu futuro como resultado das pequenas e grandes ações que fazem parte do seu cotidiano e que, queira ou não, erguem sua imagem, sua marca pessoal, ou seja, o que você realmente é no mercado, explicita Bender (2009).

Conforme Reis (2015), os benefícios de se conservar uma marca pessoal forte traduzem-se da seguinte maneira:

- » estimular percepções consideráveis sobre os valores e as qualidades que a pessoa preserva;
- » possibilitar aos outros saber quem a pessoa é, o que faz, o que a torna diferente, como gera valor para os outros e o que podem esperar da pessoa quando interagem com ela;
- » influenciar a forma como os outros percebem a pessoa;
- » desenvolver expectativas na mente dos outros sobre o que poderão auferir ao trabalharem com a marca;
- » criar uma identidade em volta do indivíduo, possibilitando às pessoas lembrarem-se com facilidade de quem o indivíduo é;
- » encorajar os clientes em potencial a tomarem a pessoa como a única solução para os seus problemas;
- » colocar a pessoa acima dos seus adversários no mercado.

Assim, novas marcas determinam planejamentos sólidos (Figura 4.6) para estabelecer corretamente como elas serão colocadas no mercado e vendidas aos consumidores, explana Caim (2019).

Figura 4.6 – Novas marcas e planejamentos sólidos

Montoya e Vandehey (2010) ainda afirmam que a visibilidade é mais importante que a habilidade, pelo fato de que sua marca pessoal é sua arma no duelo pela visibilidade. Ela o sustenta visível aos clientes em potencial e os lembra de quem você é e do que você faz. Por isso, é tão importante divulgar sua marca constantemente. Se você não conservar sua marca de forma notável aos membros do seu mercado-alvo, eles pensarão que sua empresa fechou.

Não é que a habilidade não seja importante, ela é, sim, pois, quando você conquista clientes, seu desempenho auxilia a mantê-los e traz novos clientes por meio de indicações. O fato é que a visibilidade traz os interessados até a sua porta, enquanto a habilidade faz com que eles continuem com você por muitos anos, esclarecem Montoya e Vandehey (2010).

4.3 Diferenças e semelhanças entre marcas de produtos, serviços e pessoas

As marcas podem estar relacionadas com produtos, serviços ou, até mesmo, com pessoas, mas, independentemente da relação, elas têm como objetivo apresentar valores, crenças e princípios daquilo que se pretende demonstrar, representando sua identidade.

Na indústria de bens, a marca tem uma função extremamente expressiva, pois precisamos saber em que marca devemos confiar, de maneira que o objetivo da marca é diminuir a complexidade sobre o produto. Isso quer dizer que, na indústria de bens, a marca é o único indicador de confiança e credibilidade, conforme demonstra Melo (2014).

Na indústria de serviços, a marca possui um papel mais humanitário e carismático, por causa do envolvimento direto e pessoal com o componente humano. À medida que o serviço satisfaz as necessidades e os desejos do consumidor, a marca adota uma posição de destaque, de forma que o serviço precisa de qualificação profissional, pois não é possível disponibilizar um serviço sem a participação efetiva do elemento humano. Por esse motivo, a qualidade do serviço desempenha uma influência direta no posicionamento da marca, explana Melo (2014).

A marca pessoal, para Andrade (2020), é a imagem construída e entendida pelo outro nas variadas interações do cotidiano. Ela é formada por três pilares:

1. **Eu** – Formada por elementos como: propósito, autoconhecimento, atributos, pontos fortes, crenças, missão.
2. **Eu *versus* outro** – Compreende imagem, interação você e o outro, gerenciamento de impressões e percepções.
3. **Visibilidade** – Abrange a gestão estratégica da comunicação por meio das mídias (sociais e tradicionais).

Assim, a marca pessoal tem início no caráter, atravessa o comportamento e a atitude até chegar à reputação, que é a marca transmitida para outras pessoas, complementa Andrade (2020).

Podemos enxergar a marca de serviços ao da marca pessoal também quando observamos determinados serviços executados por indivíduos que precisam de elementos que fazem parte da marca pessoal, como no caso de médicos.

Barbosa (2019) explica que o que difere a marca pessoal do *branding* de produto ou serviço é que, na gestão da marca pessoal, observa-se a identidade da marca da pessoa, sua essência, os valores e as propriedades diferenciadoras que ela já tem, para, depois, determinar a estratégia e comunicação mais eficazes.

Já na gestão da marca de produtos e serviços, podem-se construir identidade, valores e atributos de acordo com a estratégia intencional. "São diferenças que parecem sutis, mas que fazem toda a diferença, porque a marca pessoal tem como premissa fundamental ser autêntica e gerar credibilidade" (Barbosa, 2019, p. 19).

Construir uma marca pessoal, ou o *personal branding*, é uma estratégia que vai muito além da sobrevivência no trabalho, pois se trata da acentuada valorização do profissional por ele mesmo, sem o respaldo de seu cargo ou de sua empresa (Tomanini, 2009).

Antes era comum empresários serem associados apenas às marcas das empresas, hoje, isso mudou. Muitos empresários estão criando sua própria marca e sendo reconhecidos por sua capacidade e reputação.

Lewis (2019) afirma que, se você é um empreendedor, sua marca pessoal se interligará e o aproximará de seus clientes. Não é suficiente, então, deter uma marca comercial, porque a marca pessoal é tão importante quanto, uma vez que diferencia você de outros negócios concorrentes. Depois que você criar uma marca pessoal, as pessoas conectarão, de forma automática, seu negócio e carreira a sua marca pessoal.

Desse modo, Silva (2016) afirma que é necessário estabelecer não apenas elos profissionais, mas também possuir a capacidade de desenvolver a empatia em diversas partes, por meio da criação de laços emocionais, com a finalidade de se conseguir relações mais verdadeiras e leais.

O que diferencia uma pessoa comum de uma pessoa que possui uma marca é que esta última tem uma identidade forte, capaz de aproveitar suas maiores qualidades para fazer a diferença, esclarece Wandersman (2015).

Montoya e Vandehey (2010) destacam que, quando empregada adequadamente, com criatividade, planejamento e coerência, uma marca pessoal vai ajudá-lo nestas três situações:

1. transformar seu nome e imagem em um "produto" diferenciado, que possui qualidades desejáveis associadas a ele;
2. atrair um tipo de clientela mais sofisticada e lucrativa;
3. conservar os clientes de qualidade, mesmo quando os negócios estão em baixa para o resto das pessoas.

A solução para a marca pessoal é tentar, o máximo possível, se vender para a multidão. Deve-se legitimar o pessoal que criou e efetivamente comunicar a referida mensagem e valores para o público. As marcas pessoais são diferentes. Cada pessoa notável apresenta uma marca pessoal específica que funciona para si. Tudo que se deve fazer é escolher a imagem ou a percepção específica que deseja para si e trabalhar para situar essa impressão na mente das pessoas. Contudo, deve-se ser muito original e autêntico. As pessoas não comprarão a ideia que está tentando vender para elas se acharem que isso é falso ou enganoso. Construir uma marca pessoal não é como escrever uma história fictícia, mas escolher características já existentes de si e refiná-las para criar uma imagem positiva de si mesmo. Deve-se selecionar os traços positivos e construir algo tangível com esses traços, como ilustra Lewis (2019).

Com produtos e serviços não é diferente: se você oferece um produto de qualidade e ele não apresenta essa qualidade, o cliente não o comprará mais, assim como não vai mais solicitar os serviços, pois o que foi oferecido não foi o mesmo que o divulgado.

O *branding* pessoal funciona porque se baseia nas mesmas estratégias praticadas pelas grandes marcas, ajustadas, entretanto, ao contexto das iniciativas solo, como empreendedores individuais, pequenos empresários ou até mesmo empregados (Wandersman, 2015).

A construção de uma marca própria se relaciona com a criação de associações fortes e favoráveis na mente do seu público. Mesmo se não as fizer ativamente, elas serão feitas de qualquer forma. Assim, é recomendável ser proativo ao assumir esse papel, pois, conquanto não seja possível controlar totalmente a forma como se é percebido, podemos ser consistentes em fornecer mensagens que produzam associações positivas para as marcas, como explicita Wandersman (2015).

4.4 Principais estratégias de *branding*

O *branding*, para Waltrick (2015), é um sistema de comunicação que deixa bem clara a importância da marca, qual sua função, intenção, pretensão, bem como as expectativas de mercado. Não é tão somente fazer com que o consumidor escolha uma marca no lugar da marca concorrente, é ir além, fazendo com que um potencial consumidor entenda a marca como única solução para o que busca, explica o autor.

Todas as atuações no processo de *branding* estão relacionadas à diferenciação, o mesmo ocorrendo no acréscimo de valor à marca pessoal, tornando-a única. Por esse motivo, deve-se analisar a marca pessoal, sua construção e sua manutenção de maneira estratégica e a longo prazo, considerando o significado em toda a trajetória desta.

O *branding* é menos um elemento para ser empregado na concepção de produtos e mais um fator central nas novas formas de se estruturar as estratégias empresariais (Bedendo, 2019).

Consoante Andrade (2020), existem quatro elementos, chamados de 4 Ps do *personal branding*, que fazem parte do campo do entendimento de marca pessoal. São eles: propósito, posicionamento, pessoa e proposta.

Figura 4.7 – 4 Ps do *personal branding*

Própósito	Posicionamento
Pessoa	Proposta

O **propósito** diz respeito ao objetivo que se tem; o **posicionamento**, ao lugar que se quer ocupar; a **pessoa**, ao público-alvo; e a **proposta**, ao que será oferecido. As pessoas devem ter esses quatro elementos bem estruturados para que possam buscar a estratégia mais adequada.

Oliveira (2008) afirma que o objetivo da sua marca é traduzir algo próprio, único e intransferível, que só o seu negócio possui ou possuirá, e é isso que vai conquistar e fidelizar o consumidor. Diante disso, algumas perguntas devem ser respondidas quando se fala em gestão estratégica de marcas. Vejamos essas perguntas na figura a seguir.

Figura 4.8 – Perguntas relacionadas com a gestão estratégica de marcas

```
┌─────────────────┐     ┌─────────────────┐
│  O que eu quero?│────▶│  Aonde eu quero │
│                 │     │     chegar?     │
└─────────────────┘     └─────────────────┘
                                 │
                                 ▼
┌─────────────────┐     ┌─────────────────┐
│     Quem é      │────▶│  Qual é a minha │
│  meu cliente?   │     │  promessa para  │
│                 │     │   esse cliente? │
└─────────────────┘     └─────────────────┘
```

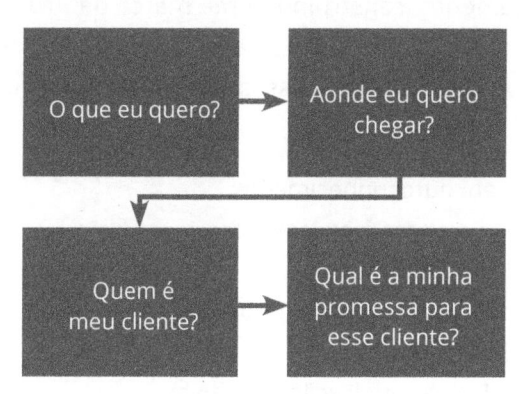

» **O que eu quero?** – Uma meta clara guia, ajuda a vencer obstáculos, além de ser altamente estimulante, pois cria um desejo de fazer e a sensação de que a batalha vale a pena, de que o trabalho tem um sentido.

» **Aonde eu quero chegar?** – Esse e outros questionamentos são cruciais na etapa do pensamento estratégico para a criação de uma marca, pois traçar uma meta é algo importante, mas traçar a meta correta é muito mais.

» **Quem é o meu cliente?** – Para chegar a essa definição, o método mais seguro é fazer uma pesquisa séria e aprofundada do perfil do seu consumidor, levando em consideração o tipo de produto que quer comercializar e aonde pretende chegar com ele.

» **Qual é a minha promessa para esse cliente?** – Você tem de ser leal ao seu consumidor todos os dias com as promessas com as quais se comprometeu. Ou seja: se sua promessa é preço, deve ser garantido o preço sempre. Comprometa-se com aquilo que pode cumprir.

Por meio das respostas para essas perguntas, pode-se fazer um mapeamento, construindo uma marca dentro do que se deseja e do que os clientes esperam que seja oferecido.

Andrade (2020) cita dez passos que devem ser seguidos para alavancar a marca pessoal:

1. investir em autoconhecimento;
2. sustentar crenças fortalecedoras;
3. aprender a aprender;
4. acionar as características do comportamento empreendedor;
5. gerenciar o tempo;
6. desenvolver comunicação assertiva;
7. desenvolver comunicação persuasiva;
8. construir um *networking* (rede de contatos) de alta *performance*;
9. construir autoridade e notoriedade nas redes sociais;
10. elaborar o planejamento estratégico de marketing pessoal.

O que é?

A comunicação assertiva trata-se daquela em que a pessoa vai direto ao ponto, sem fazer voltas para dizer algo, falando de forma direta e honesta, mas também sem ser grosseira. Já a comunicação persuasiva se baseia no convencimento de alguém sobre algo por meio da influência que se exerce demonstrando simpatia e habilidade, não devendo ser confundida com a manipulação.

O autoconhecimento é uma das bases para a construção da marca pessoal, pois é por meio dele que se chega aos pontos mais profundos de uma pessoa, como seus sonhos, suas paixões, seu propósito, suas metas e seus objetivos, sua fonte de prazer, os pontos fortes que a diferenciem dos demais, sua singularidade (Barbosa, 2019).

No *branding* pessoal, o autoconhecimento é fundamental para que se consiga demonstrar com exatidão os melhores pontos de si próprio e aonde se quer chegar, pois é preciso, primeiramente, ter esse conhecimento para que as metas possam ser traçadas em busca do objetivo almejado.

Lewis (2019) relata que, no processo de construção e desenvolvimento da marca pessoal, deve-se sempre lembrar de evitar a autocontradição, ou seja, não atuar de forma contrária à imagem da marca pessoal que se está projetando ou falar coisas que destruiriam todo o trabalho desenvolvido. Autocontradições podem se transformar em desencorajamento do público-alvo em confiar na marca pessoal.

Por meio do autoconhecimento e da identidade da marca, pode-se determinar a personalidade de uma pessoa e, assim, torná-la forte ou até mesmo um diferencial diante dos clientes.

A personalidade de marca pode ser conceituada como o conjunto de características humanas relacionadas com a marca. Nem todas as marcas possuem personalidade, ou, pelo menos, não uma personalidade forte e distinta. No entanto, as marcas que apresentam alguma personalidade têm também alguma vantagem importante, pois tendem a se destacar na multidão e a comunicar uma mensagem, como descreve Aaker (2015).

Aaker (2015) explica que ao construir uma marca, a concepção da personalidade de marca pode auxiliar nos seguintes sentidos:

» **Representar e comunicar benefícios funcionais** – Pode ser mais fácil criar uma personalidade que indica um benefício funcional do que comunicar diretamente e de forma convincente que esse benefício funcional existe.
» **Fornecer energia** – Uma personalidade de marca forte amplia as experiências e as percepções da marca.

- » **Definir um relacionamento de marca** – Uma personalidade de marca pode determinar um relacionamento entre pessoas.
- » **Orientar sobre programas na construção de marca** – Saber que a marca procura ser amigável e afetuosa conduz todas as associações de marca, compreendendo categoria de produto, posicionamento, atributos e experiências de utilização, imagem do usuário, aplicações, valores da empresa, e assim por diante.
- » **Ajudar no atendimento ao cliente** – No lugar de perguntar sobre percepções de atributos, pedir que as pessoas descrevam a personalidade de marca costuma ser mais envolvente e pode produzir esclarecimentos mais ricos e precisos sobre os sentimentos e as relações destas. Descobrir o que a marca como pessoa diria para você é uma boa maneira de encontrar a resposta emocional que ela causa.

Figura 4.9 – Personalidade da marca

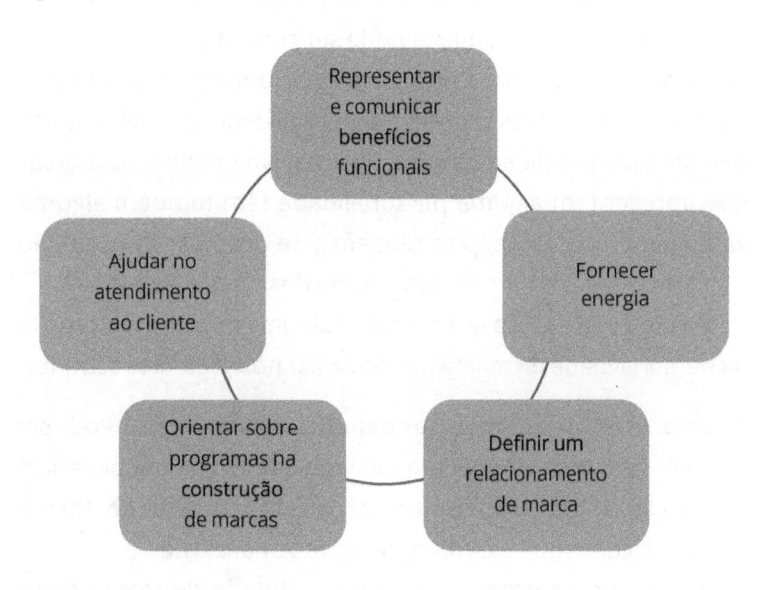

A estratégia da marca deve ser focalizada, a fim de assegurar uma condição de exclusividade sustentada pela associação dos componentes funcionais e simbólicos. A vantagem competitiva da marca habita na manutenção contínua e na administração dos condutores responsáveis pelo seu posicionamento (*brand positioning*), a fim de garantir a imagem sólida na mente das pessoas e a gestão da estratégia de marca (*brand strategy*), conforme descreve Tavares (2003).

Exercícios resolvidos

A gestão da marca pessoal tem como ponto principal a preocupação com a imagem individual de uma pessoa, desenvolvendo suas próprias características e fazendo com que ela se diferencie no mercado. Para isso, ela deve possuir um gerenciamento correto. Para uma boa gestão de marca pessoal, devem ser usadas estratégias adequadas. Com relação a essas estratégias, analise as assertivas a seguir.

I. O autoconhecimento pode ser buscado por meio da interação com outras pessoas, pois, muitas vezes, o outro revela quem somos de fato, como também por meio do descobrimento do real propósito pretendido.

II. O autoconhecimento não possui nenhuma relação com a autoestima, pois a análise desenvolvida nesse sentido deve ser prática e detentora do controle sobre a própria vida.

III. O *networking* deve ser pensado e planejado de forma estruturada e consciente por meio do aproveitamento das possibilidades de ampliação da rede de contatos de maneira estratégica.

IV. A autocontradição deve ser evitada, visto que pode se transformar em desencorajamento do público-alvo quanto à confiança na marca pessoal e destruir todo o trabalho desenvolvido.

Estão corretas as assertivas:

a) I e II.
b) I e IV.
c) II e III.
d) III e IV.
e) I e III.

GABARITO: B

***Feedback* do exercício em geral**: apenas as assertivas I e IV estão corretas, pois a interação é uma importante forma de autoconhecimento, assim como a busca pelo propósito, pois, quando nos conhecemos de verdade, compreendemos nosso valor, bem como sabemos nossos pontos fortes e nossos pontos fracos, aqueles que precisam ser melhorados, e isso pode ser realizado por meio do relacionamento com outras pessoas ou até mesmo na nossa própria autoanálise. O autoconhecimento auxilia no processo de levantar uma autoestima saudável e essa avaliação demonstra o quanto se acredita ser capaz e até mesmo merecedora de algo. O *networking*, para que possa ser transformado para o campo dos negócios, deve ser analisado com cautela por meio de habilidade e planejamento adequado. Já a autocontradição pode fazer com que a credibilidade seja perdida, pois é difícil confiar em algo em que existe divergência, que em um momento é de uma forma e em outro é diferente.

As marcas são criadas e sustentadas por componentes que têm como propósito reduzir as distâncias entre elas e os indivíduos, pois, a partir do momento em que oferecem benefícios funcionais ou até mesmo simbólicos, pode ser gerada uma fidelidade.

De acordo com Tybout e Calkins (2018), depois de a marca estar bem consolidada, o foco passa a ser a sustentação da sua posição. Em alguns casos, as marcas podem ser sustentadas sem mudanças; contudo, na maioria das vezes, uma certa alteração de posição é necessária para conservar a marca ao longo do tempo.

O autor afirma que duas classes de estratégias podem ser empregadas para realçar a posição:

1. Por meio do fortalecimento da posição da marca, o que acarreta conservar a mesma marca e a mesma posição, mas embelezar o posicionamento.
2. Por meio da alavancagem, que acontece quando um posicionamento é utilizado para aumentar o *brand equity* (valor da marca) para novos produtos.

Além de ser bem posicionada, a marca precisa de uma visão de marca, isto é, uma decisão estruturada da imagem buscada pela marca, ou seja, o que se deseja que a marca represente para os clientes e outros grupos relevantes, como funcionários e parceiros. Em última apreciação, a visão de marca (também conhecida como *identidade*, *valores* ou *pilares de marca*) determina o elemento de construção de marca do programa de marketing e influencia de forma significativa todo o resto. Ela deve ser um dos componentes centrais do processo de planejamento estratégico, explana Aaker (2015).

> **Para saber mais**
>
> Assista ao vídeo indicado e acompanhe a análise das estratégias de marca pessoal mais importantes utilizadas pela cantora Anitta durante os dias que antecederam e ao longo da sua apresentação no Festival Rock in Rio.
>
> ANITTA: análise de suas estratégias de branding pessoal para o Rock in Rio. 37 min. 7 out. 2019. Disponível em: <https://www.youtube.com/watch?v=Uols3w78q2s>. Acesso em: 3 maio 2021.

Aaker (2015) ainda destaca que, quando a visão de marca se adapta perfeitamente, ou seja, acerta o objetivo, ela retrata e apoia a estratégia de negócios, cria diferenciais em relação à concorrência, encontra eco nos clientes, entusiasma e inspira funcionários e parceiros e estimula uma grande quantidade de ideias para programas de marketing. Quando está distante ou é superficial, a marca vaga sem rumo e os programas de marketing tendem a ser inconsistentes e ineficazes.

Para uma boa marca pessoal, é imprescindível que se dê importância para os diversos *stakeholders* envolvidos, pois eles farão parte do dia a dia construído e auxiliarão na criação de valor da marca.

Conforme Bedendo (2019), as empresas passaram a perceber nas práticas de *branding* a oportunidade de organizar e priorizar os seus esforços, empregando-os como um instrumento de construção de estratégia. É possível encontrar exemplos no mercado de organizações pautadas pelo *branding* nas quais o propósito e a proposta de marca se incorporam para criar envolvimento em toda a sua cadeia de *stakeholders*, sejam eles clientes, sejam fornecedores ou colaboradores.

Exemplificando

A Natura, empresa multinacional brasileira de cosméticos, busca conquistar não apenas o mercado consumidor, mas também a admiração de fornecedores, parceiros e funcionários, pelas atitudes que dirigem seus negócios, sempre fundamentadas na visão estratégica trazida pelas técnicas de *branding*, como exemplifica Bedendo (2019).

A marca não versa apenas sobre produto, preço, praça e promoção, mas se refere a qualquer ponto de contato da empresa com seus *stakeholders*. Por isso, ela orienta todas as decisões empresariais que se seguem à definição da sua identidade. A marca organiza e prioriza os objetivos empresariais de acordo com suas necessidades de desenvolvimento e abarca todos os colaboradores (como mostra a Figura 4.10) na sua essência, tornando-os mais comprometidos com o seu desenvolvimento (Bedendo, 2019).

Figura 4.10 – Colaboradores da marca

Toda a rede de relacionamentos existente constitui uma percepção da imagem e das características principais da marca. Essa percepção poderá ser reportada de forma positiva ou negativa. Nessa perspectiva, o processo de *Personal branding* configura uma maior importância ao instrumentalizar pessoas a construir e conduzir a marca pessoal de maneira estratégica, acompanhando e cuidando para que a reputação se desenvolva em conformidade com seus objetivos, tanto no campo pessoal quanto no profissional, (Barbosa, 2019).

Exercícios resolvidos

Qualquer indivíduo que queira ocupar uma posição de destaque, seja no mercado, seja em qualquer outro ambiente, deve se preocupar com a gestão e a construção da sua marca pessoal, pois ela auxiliará na conquista da posição que tanto se deseja por meio de estratégias específicas para isso. Com relação à gestão e à construção da marca pessoal, analise as afirmativas a seguir e assinale as verdadeiras com V e as falsas com F.

( ) Por meio de uma marca pessoal forte, consistente e diferenciada, pode-se conseguir um posicionamento estratégico na mente dos consumidores, pois ela traz consigo credibilidade e confiança.

( ) Na gestão da marca pessoal, deve-se ter cuidado com as atitudes nos relacionamentos do cotidiano, demonstrando ser especial, conquistando as pessoas e cuidando bem do *networking*.

( ) Deve-se existir a preocupação com o gerenciamento da marca pessoal, contudo, depois que essa marca se torna forte no mercado, nada mais a abala.

( ) A comunicação desempenha um papel essencial na gestão e na construção da marca, pois seu detentor deve saber se comunicar sem ser rude e também ser honesto e não utilizar artifícios de manipulação.

Agora, assinale a alternativa que apresenta a sequência correta:

a) V, V, F, F.
b) V, F, F, V.
c) V, V, F, V.
d) F, V, F, V.
e) V, F, V, V.

GABARITO: C

***Feedback* do exercício em geral**: O gerenciamento da marca pessoal é algo que deve ser tratado com muita atenção, pois basta apenas um deslize para que ela seja destruída. Assim, não importa se a marca já é forte no mercado, seu cuidado deve ser constante, devendo haver atenção e responsabilidade nesse processo. A marca pessoal é superimportante para a percepção da imagem, razão por que ela deve ser encarada como um fator estratégico no sentido de passar informações para o público, as quais devem ser confiáveis, fazendo com que ela seja vista como confiável. Por esse motivo, também deve-se ter cuidado com os relacionamentos e com os contatos em geral, pois tudo isso influenciará na percepção desejada. A forma como essa comunicação é transmitida também deve ser analisada, pois ela deve ser realizada da melhor forma possível, sem grosseria nem bajulação.

A marca, quando gerenciada de maneira estratégica, pode passa a desenvolver elementos culturais e ideológicos que conseguem se relacionar de forma mais intensa com consumidores, mas também com colaboradores e fornecedores. Ela se integra e se relaciona com a cultura e, dentro dessa cultura, torna-se uma representação que define grupos sociais. Essa visão estratégica possibilita o gerenciamento da marca como um elemento cultural complexo, já que transmite influência suficiente na organização e, em seguida, na sociedade, explicita Bedendo (2019). Segundo Barbosa (2019, p. 5),

> é possível sintetizar que o processo de Personal branding trata da construção e gerenciamento da marca pessoal, por meio de um conjunto de métodos e técnicas para extrair a essência e fatores diferenciadores de um indivíduo, em seguida comunicá-los à sua rede de relacionamento, de forma a influenciar positivamente sua reputação, zelando sempre para que haja autenticidade e coerência entre imagem, comportamento e comunicação, presencial e *online*, nas esferas social e profissional.

Assim, o *personal branding* é confirmado por meio de estratégias de comunicação que buscam criar reputação e percepção de mercado, retratando a forma como a organização interage com seu público e determinando seu posicionamento. Dessa forma, será possível que o consumidor reconheça determinada marca diante de seus concorrentes.

A estratégia forte da marca está diretamente ligada ao valor que se dá ao simbolismo para ela ser diferenciada e singular. Entretanto, nada disso vai adiantar se não existir uma contínua gestão das vantagens competitivas para que a marca se perpetue na cabeça das pessoas e apresente sucesso no mercado. Conforme Tavares (2003, p. 72): "O binômio estratégia-tática deve ser bem articulado para que a marca seja eterna".

Tybout e Calkins (2018) citam duas estratégias que podem ser utilizadas no fortalecimento de uma marca. Uma se refere à modernização da marca, por meio da forma de apresentação desta ao consumidor. Quando uma marca estabelecida não conseguir mudar depressa sua posição, de modo a incluir as mudanças de gosto do consumidor e enfrentar a concorrência, ela precisará conservar a relevância da posição que já consolidou.

Exemplificando

A Nesfit se posicionou no mercado como um cereal pronto para comer e uma maneira saudável de se manter a forma. Contudo, com o passar dos anos, começou-se a gerar desagrado por meio da referência das mulheres como objetos. Assim, a empresa teve de se readequar sustentando um benefício funcional da boa forma, representado pela figura do atlético e ativo, exemplificam Tybout e Calkins (2018).

Uma segunda abordagem se trata do *laddering* (por hierarquização ou por escalonamento), representando o posicionamento de uma forma mais ou menos abstrata do que antes. O *laddering* por hierarquização oferece diversas razões para que se acredite nos benefícios funcionais de determinada marca, já o *laddering* por escalonamento pode oferecer características tangíveis, inferindo benefícios emocionais que descrevem como podem fazer o consumidor se sentir.

Por meio da percepção de valor desenvolvida, podem ser despertadas sensações e emoções até de forma inconsciente, as quais auxiliarão na geração de valor da marca.

Andrade (2020) afirma que, quando uma marca é bem realizada e estrategicamente posicionada, as pessoas pagarão o preço que será cobrado, e isso se dá por causa da percepção de valor realizada.

Dessa forma, quando uma marca se consolida no mercado e utiliza estratégias corretas de fortalecimento e atualização, ela tem grandes chances de obter o sucesso desejado e colher os frutos esperados.

Síntese

- » O *personal branding* tem como objetivo a construção e a gestão da marca pessoal por meio da identificação de elementos como as características próprias do indivíduo, a mensagem a ser repassada, assim como a forma como o indivíduo é percebido.
- » A marca compreende a identidade e a imagem do indivíduo, detalhando seu propósito, seu posicionamento e o conjunto de diferenciação, e se apresenta como um processo constante, que está sempre em mutação.
- » A personalidade apresenta-se como um aspecto muito importante na construção da marca, devendo ser baseada na honestidade, na força e na sinceridade.
- » As marcas crescem no seu próprio tempo, desenvolvem-se no nível mais básico, não são racionais, exigem compromisso absoluto e sempre funcionarão de alguma forma.
- » A visibilidade é enxergada como mais importante do que a habilidade pelo fato de que traz os interessados, enquanto a habilidade faz com que eles permaneçam.

- » A diferença entre a marca pessoal e a de produto e serviço é que, na marca pessoal, é observada a identidade que o indivíduo já possui para depois determinar a estratégia de comunicação mais eficaz; já na marca de produtos e serviços, pode-se construir a identidade de acordo com a estratégia intencional.
- » Quando se fala em *gestão estratégica de marcas*, deve-se saber o que se quer, aonde se quer chegar, quem é o provável cliente e qual a promessa oferecida para esse cliente.

Estudo de caso

Texto introdutório

Para sobreviver em um mercado cada vez mais competitivo, os indivíduos e as empresas estão buscando formas de consolidarem sua imagem diante do seu público, mas sabem que um simples deslize pode fazer com que todo o trabalho seja jogado fora. Por isso, é necessário possuir um *gerenciamento de crises* adequado para saber lidar com as situações que podem vir a desencadear tais crises.

Texto do caso

As crises podem ser geradas pelos mais diversos motivos, por fatores externos ou internos, e danificar significativamente a imagem e as finanças do prejudicado. O gerenciamento de crise busca reduzir esses prejuízos causados no momento de um infortúnio ou então controlá-los. Por isso, deve-se estar preparado para esses problemas com atitudes adequadas para não piorar a situação.

Em meio a esse contexto, analise o caso de Heitor.

Heitor é jogador de futebol reconhecido nacionalmente pela sua atuação em times de grande prestígio por todo o país. Contudo, está passando por uma crise muito séria na sua imagem, pois está sendo acusado de ser um assaltante de banco muito procurado. Ele afirma que não é a pessoa que estão procurando e tem provas e testemunhas que corroborem sua afirmação. No entanto, sua imagem está em todos os jornais de grande circulação, e nas mídias sociais não se fala em outra coisa a não ser sobre a acusação.

Heitor não sabe como agir para que as informações corretas sejam divulgadas nem como fazer para que sua imagem não seja mais prejudicada do que já está sendo.

Observando o caso de Heitor, quais atitudes ele poderia adotar para minimizar os efeitos da crise ou, até mesmo, eliminá-la?

Resolução

A reputação está associada à imagem do indivíduo e das organizações, razão por que, quando se passa por uma crise, é fundamental que sejam adotadas atitudes para que a reputação não seja atingida. Os aspectos morais, quando descritos em comportamentos que atingem padrões de conduta constituídos e socialmente aceitos, provocam escândalos e atingem as imagens, destruindo reputações. Por essa razão, é imprescindível que sejam adotadas ações rápidas no momento de uma crise, por meio de um planejamento estruturado para lidar com essas situações.

Na circunstância em que Heitor se encontra, ele precisa ter atitudes que o auxiliem na gestão da sua crise pessoal, por meio de um planejamento que abarque ações adequadas e precisas para não impactar ainda mais a sua imagem e reputação. Nesse sentido, ele deve ter um relacionamento transparente, seguro e ético com a mídia, pois administrar de forma adequada a explicação que será divulgada ajuda a reduzir os riscos à sua imagem.

Ele deve ter em mente que nada pode ser escondido ou camuflado, pois as informações podem ser divulgadas rapidamente e, muitas vezes, da pior forma. Suas respostas devem ser rápidas e verdadeiras, assim como deve estar presente nas mais diversas mídias e, principalmente, manter informações em uma plataforma on-line.

Suas ações devem ser pautadas na transparência e na honestidade com o público, passando informações atualizadas e precisas, pois assim transmitirá a confiança que tanto se espera nesses momentos. Por meio de condutas direcionadas para o esclarecimento dos fatos o mais rápido possível, com maior clareza e eficiência e seguindo as orientações citadas, pode-se reduzir ou até mesmo eliminar o impacto causado em um bem tão importante para Heitor, que é sua imagem pessoal.

Dica 1

A leitura do artigo "A importância da comunicação no gerenciamento de crise de imagem: análise de um caso de referência" traz uma exposição de como o gerenciamento de crise, por meio de planos e planejamentos adequados, pode fortalecer a imagem nesse momento delicado.

CASTRO, C. A.; BECK, M. de A. **A importância da comunicação no gerenciamento de crise de imagem**: análise de um caso de referência. 65 f. Monografia (Bacharelado em Comunicação) – Universidade Federal da Bahia, Salvador, 2008. Disponível em: <https://repositorio.ufba.br/ri/handle/ri/31322>. Acesso em: 3 maio 2021.

Dica 2

A gestão de crises pessoais e organizacionais deve ser bem planejada e com atitudes adequadas. Para compreender melhor como lidar com um momento de crise, assista ao vídeo "Gerenciamento de crise em 4 passos simples". Nele, você vai compreender mais atitudes que podem ser adotadas nessas situações tão complicadas.

BARBOSA, C. **Gerenciamento de crise em 4 passos simples**. Disponível em: <https://www.youtube.com/watch?v=NdrnCMdd85Y>. Acesso em: 3 maio 2021.

Dica 3

A leitura do "Manual de Gerenciamento de Crises" pode auxiliar você a compreender como gerenciar a imagem pessoal em momentos de crise, reduzindo seu impacto e ajudando a repará-la, protegendo sua credibilidade e reputação.

BANZOLI, L. **Manual de gerenciamento de crises**. Disponível em: <https://acervodigital.ufpr.br/bitstream/handle/1884/39210/manual%20de%20gerenciamento%20de%20crises.pdf?sequence=2&isAllowed=y>. Acesso em: 3 maio 2021.

5 A imagem na sociedade contemporânea e as redes sociais

Conteúdos do capítulo:

» A imagem na sociedade contemporânea.
» Mídias e redes sociais.
» A imagem pessoal e profissional e a utilização das mídias e redes sociais.
» Gestão da imagem nas redes sociais.

Após o estudo deste capítulo, você será capaz de:

1. identificar a imagem na sociedade contemporânea;
2. analisar as mídias e redes sociais;
3. compreender o uso da imagem pessoal e profissional nas mídias e redes sociais;
4. discutir a gestão da imagem nas redes sociais.

Neste capítulo, vamos identificar como se observa a imagem na sociedade contemporânea, analisar a influência das mídias e redes sociais, compreender a utilização da imagem pessoal e profissional nas mídias e redes sociais e discutir a gestão da imagem nas redes sociais.

Introdução do capítulo

Atualmente, vivemos na era da informação, em que as relações são influenciadas pelas mídias. As relações políticas, culturais, econômicas e principalmente as sociais foram modificadas pelas novas formas de comunicação e informação.

Nossa forma de decifrar imagens no dia a dia não é a mesma de tempos passados, assim como a maneira de interagirmos e nos relacionarmos – tudo por causa dessa influência gerada pela mídia e, mais ainda, pelas mídias sociais oferecidas pela internet, cada vez mais presentes não só na vida das pessoas, mas também das organizações.

Diante disso, devemos ter cautela na forma como utilizamos esses meios de interação, pois algo muito precioso pode estar em risco: a nossa imagem.

Quando não gerenciada ou monitorada da forma correta, a imagem apresentada nas redes sociais pode sofrer grandes impactos, não apenas na vida social, mas também na profissional. Por isso, a imagem que é formada nas redes sociais deve ser observada com cuidado para evitar problemas, assim como a forma como observamos e analisamos essas imagens.

5.1 A imagem na sociedade contemporânea

De acordo com Marchiori (2014), a mídia é percebida como o principal agente contemporâneo de circulação e interconexão de correntes humanas, materiais e imateriais.

Isso posto, ela influencia a percepção das imagens nas relações sociais no dia a dia, haja vista a visualidade excessiva que é disponibilizada na sociedade contemporânea.

Diante da comprovação de que os meios de comunicação de massa estabelecem, na contemporaneidade, um ambiente privilegiado de entonação dos mais variados discursos relacionados a grupos ou práticas sociais, é inevitável que os estudos de numerosas áreas incorporem o discurso midiático como uma variável relevante – inclusive por causa dos impactos identitários gerados pela mídia, como esclarecem Coutinho e Leal (2009).

Coutinho e Silveira (2007) afirmam que, ao tratar o processo identitário na atualidade, Bauman (2005) o posiciona como uma narrativa ou busca que se desenvolve em um mundo marcado pela velocidade, pela fragilidade da segurança e pelas oportunidades, designada por ele como *modernidade líquida*. Nesse panorama, também é uma expressão que diz respeito à imagem, evidenciando que as identidades convencionais, que não admitem negociação, não teriam lugar nem pertencimento.

Já para Ferrara (2007), é consensual que existe uma contribuição referente à primazia da imagem na sociedade. A imagem, tratada aqui em seu variado conjunto de produções e representações, é uma necessidade essencial da contemporaneidade. A procura por novos dispositivos de produzir imagens é uma interpretação da necessidade histórica de se representar e entender o mundo.

As imagens do presente, ou seja, aquelas aproveitadas em tempo real (para empregar uma expressão que procura manifestar a urgência comunicativa na célere contemporaneidade), apresentam um papel menos significativo no processo simbólico de construção de identidades. Talvez pela não definição, necessitando de telas e limites – expandidos também com as novas tecnologias de manipulação e, mesmo, de produção de imagens –, os registros visuais do presente não contêm valor de verdade, como algo adotado no momento do seu consumo ou a partir dele. No presente, a verdade da imagem parece ser condicionada ou atravessada por outros discursos que formam o produto midiático no qual ela se inclui, conforme explanam Coutinho e Silveira (2007).

Exemplificando

Quando observamos uma determinada imagem, podemos ter várias interpretações dela, muitas vezes até diferente da interpretação de uma pessoa que está ao nosso lado. Isso se dá pelo fato de possuirmos memórias relacionadas ao conhecimento originado da mídia sobre aquela imagem.

De modo diferente, as imagens do passado – ou seja, aquelas que, pela distância temporal entre seu momento de registro e a (re)leitura –, ganham força de documento histórico. São, assim, encarregadas de uma nova autoridade que contém valor de verdade, complementam Coutinho e Silveira (2007).

As formas tradicionais de representar não conseguem traduzir o mundo, que se torna mais e mais uma representação de um imaginário difundido pela mídia. Há uma evidente crise de referenciais do real, com a procura de novos referenciais no imaginário. Nesse caso, a capacidade imaginativa do homem de decodificar imagens impõe-se de forma decisiva em sua maneira de interagir com o mundo, como explicita Ferrara (2007) e mostra a Figura 5.1.

Figura 5.1 – Capacidade imaginativa

No imaginário estão contidas as experiências vividas pelas pessoas, as quais se refletem por meio das imagens, visto que o homem é capaz de criar imagens. Por meio da produção das imagens, ele as decodifica de acordo com o que está presente no seu imaginário. Assim, a imagem apresenta-se como conciliadora, à medida que representa o imaginário por meio da imaginação.

> A sociedade moderna e contemporânea é mediada por imagens que foram impulsionadas pela comunicação de massa. Estas, por sua vez, trazem representações do imaginário coletivo que aparece na cultura de massa, de forma inconsciente, através da estetização e de processos miméticos. Portanto, o conteúdo das imagens não corresponde necessariamente à realidade. Essa representa o imaginário dos indivíduos por meio da imaginação e traz uma aparência do real como simulação técnica. (Pessoa, 2018, p. 2)

Na contemporaneidade, o ato de olhar apresenta-se dependente de aparelhos tecnológicos que agem como extensões protetoras, com os quais os indivíduos se habituaram a enxergar a realidade e o seu entorno no cotidiano. A utilização de uma ou outra característica, de acréscimo ou correção, relaciona-se estreitamente com a intenção daquele que elabora ou organiza o texto, relata Ferrara (2007).

Coutinho e Silveira (2007) destacam que representação e seletividade são dois aspectos que auxiliam na compreensão da tela como materialidade na qual são construídas ou disponibilizadas as imagens. Como suporte (físico, eletrônico ou virtual), a tela aponta a existência de um limite, uma moldura/borda material que demarca interior e exterior, o que é identificado *pela* e *na* imagem e no que está escondido fora dela.

As lentes (ou aparelhos) programam a ação de ver. São como instrumentos que organizam os ingredientes (imagem e palavra) com base em dada receita com a finalidade de acionar determinadas respostas em um receptor. O registro das imagens é considerado a origem da visualidade. A partir desse registro, a visualidade, por meio do impacto que provoca no observador, revela a existência representativa da imagem e oferece condições de ação em relação à leitura que se faz dela. A questão da visualidade está relacionada ao ponto de vista do observador. Cada ponto de vista pode ocasionar uma percepção particular dos acontecimentos em um dado momento, daí sua relatividade (Ferrara, 2007).

As representações visuais que compõem a cultura contemporânea estabelecem padrões que desenvolvem o olhar das pessoas e colabora na concepção de valores destas. A exposição às visualidades contidas no dia a dia – o consumo, a aceleração do tempo, que se apresenta cada vez mais reduzido, e o acesso ao exagero de informações – passa a

> nos definir como integrantes de um mundo conectado, interligado, fugaz, caótico, de mudanças por vezes desconcertantes. Em nosso

cotidiano, as imagens decorrentes destas mudanças desempenham um papel que, muitas vezes nos escapa. (Meira; Silva, 2013, p. 40)

Pessoa (2018, p. 4) entende que "a imagem sobrepõe a experiência real das ações e atividades representadas por ela, porém ao mesmo tempo representa esta realidade por meio de processos miméticos". Dessa forma, cada indivíduo possui uma interpretação de acordo com sua experiência e com a reprodução que entende ser a correspondente, podendo assim possuir semelhança com o seu referente.

Ferrara (2007) explica que existem dois processos de leitura compreendidos na manipulação de textos e de superfícies. Nas imagens, existe uma etapa inicial, que apresenta uma tomada geral e uma decodificação imediata. Essa etapa é efetivada pela visualidade e baseia-se na identificação dos códigos presentes no texto. O tempo dessa operação é curto, a ansiedade é imediata e o código é rapidamente reconhecido. A base dessa intervenção é o sentido da visão: é como se fosse um texto escrito onde se distingue de imediato o alfabeto e o código verbal. Se essa operação é realizada com sucesso, diz-se que o texto tem legibilidade.

Entretanto, a simples identificação dos códigos presentes no texto não é a condição singular para a sua compreensão. É indispensável que exista o processamento desse código em um sistema de linguagem que consiga estimular a compreensão do conceito ali existente. Essa é a análise efetuada pelo movimento do olhar observador ao longo da imagem, de forma livre e errática (Ferrara, 2007).

Considerando a importância da relação constituída entre olhar e imagem no telejornalismo como responsável por um tipo de "contrato de verdade", vale lembrar que, conceituadas como dispositivos, as imagens seriam mais do que "meios de comunicação", transporte de algum conteúdo ou realidade. Isso ocorre porque cada dispositivo sugere uma maneira característica de representação, de construção da comunicação, de deslocamento de sentido, conforme a situação de discurso. É nesse discurso que se desenvolvem identidades e sentido, por meio das relações de reflexibilidade e transitividade, opacidade e transparência, como analisam Coutinho e Silveira (2007).

Pessoa (2018) relata que a imagem comercializa estilos de vida e deixa de condizer com a realidade, levando ao ambiente das aparências e deslumbrando o observador pelo encanto. Não se refere a uma transcrição da realidade, mas a uma representação criada que tem a si só como referência – lembrando sempre que não corresponde com a realidade.

5.2 Mídias e redes sociais

Nos dias atuais, o ambiente *on-line* é predominante e influencia a vida das pessoas e das organizações, conectando os indivíduos por meio de espaços geográficos praticamente ilimitados.

De acordo com Limeira (2016), a partir do ano 2000, o avanço das tecnologias incentivou transformações significativas nas formas de produção e consumo, nos processos organizacionais e culturais e nas interações sociais. A tecnologia da web 2.0 ampliou as possibilidades de conexão entre pessoas, organizações e objetos em rede, além de potencializar o compartilhamento e o trabalho colaborativo, isto é, trocas, influências mútuas e cooperação, que são a essência de qualquer cultura. "Se no início a web era uma ferramenta que enfatizava a busca da informação, nessa nova fase o destaque fica para a participação dos indivíduos nos processos comunicativos" (Oliveira; Marchiori, 2019, p. 60).

> ## O que é?
>
> A web 2.0 consiste em uma segunda geração de serviços disponibilizados na internet e se refere ao conteúdo produzido pelo usuário por meio de aplicativos apoiados nas redes sociais e na tecnologia da informação.

As faces comunicativas e informacionais da internet se sobrepõem, transformando um cenário que estabelece audiências para os usuários que publicam seus perfis, *posts*, comentários, fotos e vídeos nas mais variadas plataformas disponíveis. Desse modo, o mercado da mídia tradicional e das novas indústrias midiáticas atenta para a necessidade de criar ambientes de interlocução, de modo que os usuários comuns passem a compartilhar conteúdos (Oliveira; Marchiori, 2019).

A utilização da internet e dos canais disponibilizados por meio dela se tornaram imprescindíveis para o sucesso de diversas atividades, tanto para quem publica as informações quanto para quem as recebe e interage com elas.

Como usuários de novas tecnologias, recorremos às condições sociotécnicas necessárias para nos tornarmos produtores de mensagens e conteúdo. Por meio de *smartphones* e *tablets*, com sistemas aplicativos e *softwares*, vivenciamos de forma virtual a comunicação instantânea e as trocas de experiências e informações com pessoas que podem ou não estar próximas geograficamente, como ilustra Limeira (2016).

As redes sociais têm modificado as atividades e transformado as práticas diárias. As atividades colaborativas velozmente passaram a ocupar novos espaços, tornando de maneira especial as redes sociais em um ambiente de sociabilidade entre os pares. Um simples "curtir" em uma página ou postagem já é suficiente para mapear os sujeitos, selecionando-os por temas de interesse, explanam Busarello e Ulbricht (2014).

A utilização das mídias sociais tem aumentado drasticamente, fazendo com que os indivíduos passem horas e horas por dia se comunicando virtualmente e inserindo conteúdos de forma *on-line* nos mais variados canais disponíveis.

As mídias sociais diferem dos outros tipos de mídias (jornais ou TV, por exemplo) por precisarem de compartilhamento ou cooperação para a produção de conteúdo, conforme esclarecem Marques e Aguiar (2011). Elas ainda possibilitam o compartilhamento de informações e a interação por meio da apresentação de conteúdo, promovendo negócios, desenvolvendo relacionamentos e um meio de comunicação no qual existe interação, pois é capaz de informar e escutar.

Perguntas & respostas

Mídia social e *rede social* são a mesma coisa?

Não. Muitas pessoas encaram os termos como sinônimos, mas, na verdade, existem diferenças entre um e outro, pois a rede social no âmbito digital é um tipo de mídia social. Assim, podemos entender que a mídia social é mais ampla que a rede social.

Para Jue, Marr e Kassotakis (2010), o termo *mídia social* se refere aos muitos instrumentos eletrônicos que são relativamente de baixo custo e altamente acessíveis, permitindo que qualquer pessoa publique e acesse informações, contribua para um esforço comum ou construa relacionamentos.

A mídia social é considerada um ambiente em que as barreiras para a publicação de dados não existem, transformando qualquer indivíduo que possua uma boa conexão de internet em editor em potencial e, por conseguinte, em uma fonte confiável de informação, menciona Barger (2013).

As redes sociais são um tipo de mídia social que conecta pessoas que tenham interesses em comum, sendo um meio de fortalecimento dessas relações.

Cardia (2015) define as redes sociais como grupos de atores que são interconectados por meio de sistemas na internet. Não são *sites* de redes sociais, e sim os ambientes em que eles se estabelecem.

As redes sociais começaram a ganhar força no início dos anos 2000 como consequência natural do *boom* da internet. No Brasil, encontraram seu apogeu em 2004, com o surgimento do Orkut. De lá para cá, muitas outras plataformas apareceram e começamos a experimentar novíssimas maneiras de nos comunicar. Trata-se de uma evolução que promoveu uma profunda mudança de comportamento e na forma como organizamos nossa rotina, relata Bortoleto (2020).

Segundo Limeira (2016), uma rede social compreende um conjunto de dois elementos: (i) os atores, que são pessoas, instituições ou grupos, considerados os nós da rede; e (ii) suas conexões, que abrangem as interações ou os laços sociais.

Dessa forma, as redes sociais são formadas por pessoas, organizações ou até mesmo grupos que interagem ou têm vínculos sociais no ambiente digital por meio das novas tecnologias de informação e comunicação (TICs).

No ambiente da internet, as redes sociais se caracterizam por uma sociabilidade intercedida pela tecnologia. Nesse espaço, as relações não são acidentais, pois as pessoas levam em consideração diversos fatores ao escolherem se conectar ou não com alguém. Assim, procuram conectar-se por razões específicas, e não pelo simples desejo de alcançar mais conexões. Os laços sociais são constituídos sob valores e interesses compartilhados (Limeira, 2016).

As redes sociais se transformam continuadamente porque recebem novos usuários todos os dias, bem como os perdem, porém em número menor. Esses acréscimos e desligamentos de participantes fazem delas organismos dinâmicos. À medida que os atores captam maior ou menor número de conexões, a chance de as notícias se espalharem é proporcional a esses nós pelos quais eles estão interligados. Quanto maior for o nível de conexão, mais populares serão os nós nas redes; e quanto maior a popularidade desses nós, maiores as chances de propagação de informações, esclarece Cardia (2015).

Barger (2013) afirma que, no universo das mídias sociais, conexões reais com pessoas reais não são somente possíveis, mas, em muitos casos, são ainda mais valorizadas que a aproximação da representação oficial de uma empresa. A voz organizacional tem se tornado cada vez menos valorizada e menos importante, ao passo que a de um indivíduo real (mesmo de alguém que esteja representando uma marca) aufere cada vez mais autoridade. Nesse ambiente, o público aspira a se conectar com um ser humano, não com um logotipo. O que se diz ainda é importante, mas quem o faz é, pelo menos, igualmente essencial. Isso quer dizer que, dentro desse contexto, a mensagem de uma marca é tão confiável quanto o indivíduo responsável por comunicá-la em nome da empresa.

Nas redes sociais as pessoas podem conhecer sentimentos que vão além da satisfação de uma necessidade básica quando da compra de um produto. Os seguidores sentem que estão sendo enxergados pela marca ou por um grupo maior do que a sua rede pessoal. Quando sua opinião é levada em conta, por exemplo, ele se sente aceito; quando se conecta com um perfil pelas vias de identificação, sente-se fazendo parte de algo (Bortoleto, 2020).

Exercícios resolvidos

A internet surgiu há muitos anos trazendo consigo inovação contínua para pessoas e organizações. Nesse sentido, modificou diversas áreas associadas às relações pessoais, como nos relacionamentos existentes, gerando interação de uma forma totalmente digital, e nas relações organizacionais, com as atividades de marketing. Sobre as formas de interação no campo digital, assinale a alternativa correta:

a) As redes sociais fazem parte da web 3.0, cuja finalidade é difundir e auxiliar na utilização da maneira mais inteligente do conhecimento disponibilizado nesse meio.

b) Uma rede social compreende dois elementos: os atores, considerados os nós da rede, e suas conexões, que compreendem as interações ou os laços sociais.

c) As mídias tradicionais não são consideradas ambientes seguros, pois qualquer tipo de informação pode ser divulgado sem que nenhuma responsabilidade recaia sobre o informante.

d) As mídias sociais e as redes sociais são consideradas a mesma coisa, visto que as duas se referem a plataformas digitais que possibilitam a disseminação de conteúdo.

e) O YouTube é considerado uma mídia social, mas não permite a interação entre os participantes, possibilitando apenas a disseminação de conteúdo na sua plataforma.

GABARITO: B

***Feedback* do exercício em geral**: As redes sociais fazem parte da web 2.0, que se refere ao conteúdo criado pelo usuário por meio de aplicativos apoiados nas redes sociais e na tecnologia da informação. A internet não é considerada uma "terra sem lei", pois toda a sua evolução trouxe consigo a atualização e a criação de leis que trouxeram investigação e punição para aqueles que postam conteúdos ilegais. As redes sociais são consideradas uma categoria das mídias sociais, mas não são a mesma coisa; nelas, deve existir interação entre pessoas. Por fim, o YouTube permite, sim, a interação entre pessoas, como os comentários em texto sobre os vídeos. Já as redes sociais são formadas pelos atores e as interações, ou seja, as pessoas que as utilizam e a forma como interagem. Por serem meios de contato e relacionamento social, essas interações são parte essencial das redes sociais.

Nesse meio das mídias sociais existe a exposição pública da rede de contatos de um indivíduo ou mesmo de uma organização, revelando quem são seus amigos e a quem se está conectado. Por meio dessa demonstração, espera-se um estreitamento nas relações por meio de um relacionamento de amizade real.

Busarello e Ulbricht (2014) destacam que os participantes desse novo cenário, além de selecionarem conteúdos já postados e comentarem, têm a vantagem de veicular fatos seguindo critérios de noticiabilidade, na maioria dos casos, exclusivamente pessoais. Desse modo, não precisam mais esperar a anuência de uma emissora de rádio ou TV, por exemplo, para dar visibilidade aos fatos que lhes incomodam; eles mesmos têm condições de tomar essa iniciativa por meio das redes sociais. No atual período que vivemos, chamado por muitos estudiosos de *segunda década digital*, deparamo-nos com o *gatewatcher*, uma figura representada pelos que estão nas redes sociais sem dia e hora para desempenhar as funções de selecionador de notícias e ainda com o grande diferencial de poder adicionar análises pessoais.

> ## *O que é?*
>
> O *gatewatcher* é considerado um gestor de conteúdos que conduz e analisa a informação que passa por vários meios de comunicação. Blogueiros, comentaristas e jornalistas que realizam produção de conteúdo atuam como *gatewatchers* ao contextualizarem os assuntos ou mostrarem pontos de vista sobre eles, informa Marcondes Filho (2014).

As plataformas de redes sociais que incentivam as relações entre pessoas espalhadas geograficamente compreendem Instagram, Facebook, Twitter, Pinterest, LinkedIn, YouTube, entre outras, como mostra a Figura 5.2. Essas plataformas são espaços em que as pessoas podem se reunir publicamente por meio da tecnologia, ao mesmo tempo que são mídias sociais – canais usados por empresas para a comunicação publicitária e o relacionamento com os consumidores (Limeira, 2016).

Figura 5.2 – Redes sociais

Imagine Photographer/Shutterstock

Uma das plataformas digitais com grande aceitação pela população mundial é o YouTube, uma porta de compartilhamento de vídeos gerados por internautas e anunciantes e que vem ocasionando impactos na audiência da televisão, na comunicação publicitária e no comportamento do consumidor. Esse portal oferece as ferramentas necessárias para edição, mixagem, sonorização e pós-produção de vídeos, além de viabilizar ferramentas de interatividade, como textos explicativos, *links* para outros vídeos e comentários em texto sobre o vídeo (Limeira, 2016).

Exemplificando

Entre os canais com maior número de seguidores está a categoria de *gameplay*, que se baseia no registro de experiências com jogos por parte de jogadores de *videogames* (Limeira, 2016).

Limeira (2016) ainda informa que o YouTube possibilitou o aparecimento de produtores de conteúdo, chamados de *youtubers* ou *vloggers* (vídeo *bloggers*), que filmam e editam os próprios vídeos, muitas vezes passando a viver tão somente de produzir conteúdo para seus canais mediante patrocínios de marcas e empresas.

Existem muitas outras redes sociais que são utilizadas pelas pessoas no dia a dia para interação e comunicação, como Instagram, Facebook, Twitter, entre outras.

Além da veiculação das propagandas nas plataformas sociais, os anunciantes esperam que os usuários interajam com as marcas imediatamente após terem sido impactados pelos vídeos nas redes sociais, pois querem estabelecer um relacionamento com os admiradores de suas marcas. Por essa razão, existem cada vez mais anúncios interativos em vídeo, com o propósito de gerar respostas ativas dos espectadores. Nesse sentido, o engajamento dos internautas (Figura 5.3) é uma métrica importante para aferir o sucesso de anúncios nas redes sociais (Limeira, 2016).

Figura 5.3 – Engajamento dos internautas

SurfsUp/Shutterstock

Não há como qualificar e quantificar com exatidão o volume de informações veiculadas todos os dias pelas redes sociais – das *selfies* à Primavera Árabe tudo se transforma em informação com valor, ganha espaço e notoriedade". Muitas, até mesmo, são compartilhadas com acréscimo ou exclusão de dados [...]. (Busarello; Ulbricht, 2014, p. 98)

Entretanto, existe a certeza de que as mídias e as redes sociais refletem muito no cotidiano das pessoas e das empresas, e que estas estão a cada dia mais em desenvolvimento. Nesse sentido, é necessário estar atento à utilização das mídias e redes sociais como meios de informação e comunicação.

5.3 A imagem pessoal e profissional e a utilização das mídias e redes sociais

Para Oliveira e Marchiori (2019), as redes sociais na internet são estabelecidas pela expressão dos indivíduos, atores que se manifestam e se associam por meio de recursos tecnológicos. As linguagens utilizadas nessas interações são características, mas carregam elementos das conversações cotidianas vinculadas a estilos comunicativos próprios da mídia corporativa tradicional. Esses atores passam a ocupar o espaço de produtores das emissões, o que lhes outorga novos valores em contextos mercadológicos, políticos e sociais.

Como vimos, as mídias e as redes sociais fazem parte atualmente do cotidiano das pessoas e das organizações. É um pensamento impossível nos dias de hoje alguém conseguir visibilidade e posicionamento sem utilizar desses meios de informação e comunicação.

Marchiori (2014) explica que a mídia faz parte do tecido social e não pode mais ser considerada um simples instrumento para alcançar determinado fim, pois é, sim, um processo que atinge as organizações e os indivíduos em suas relações. Nesse sentido, a mídia permeia a sociedade, não podendo ser encarada como algo isolado da cultura.

A utilização das redes sociais tem causado um grande impacto não apenas em questões culturais, mas até mesmo em questões econômicas, acarretando uma profunda mudança na autopercepção das pessoas e na comunicação dos indivíduos entre si (Busarello; Ulbricht, 2014).

A era digital gerou concepções de mídia, imagem pública, popularidade, reconhecimento, difusão de informação, propagação de informação, visibilidade, entre outras. Nenhum desses conceitos é novo, mas todos foram significativamente modificados pelos ventos da internet, conforme relata Cardia (2015).

A introdução de novos aplicativos para a publicação de documentos multimídia na *web* tem como decorrência o aumento da cooperação de indivíduos comuns, seja no envio de *posts* e comentários em *blogs*, seja na publicação de fotos em redes sociais e vídeos em plataformas específicas. A circulação desse tipo de mensagens vai além do âmbito da sociabilidade para alcançar valor no mercado de trocas simbólicas e materiais.

As posições de sujeitos que exibem enunciados em relação a produtos ou serviços derivados de organizações, *on-line* ou *off-line*, passam a funcionar como argumentos favoráveis, ou não, às vendas. São incalculáveis as circunstâncias nas quais consumidores se valem dessas opiniões para tomar suas decisões de compras, como demonstram Oliveira e Marchiori (2019).

Busarello e Ulbricht (2014) lembram que os usuários das redes sociais, pessoas físicas ou jurídicas, independentemente de qual rede utilizem, participam, mesmo sem ter consciência, de um novo cenário das mídias sociais. A massificação dessas mídias as transformou em grandes conglomerados e os integrantes em uma massa ativa, participativa, opinativa e decidida a compartilhar conteúdos a qualquer momento. Esse processo colabora para um fluxo contínuo de informações e dá ao cidadão comum um novo *status*. Produtores e consumidores não desempenham mais papéis diferentes porque podem ser considerados participantes ativos de uma cultura ainda sem regras definidas, mas marcada pela interação.

A presença nas redes sociais (demonstrada na Figura 5.4) como ferramenta estratégica de negócios é uma realidade sem volta. Isso porque, muito possivelmente, seus amigos, familiares, conhecidos ou desconhecidos estão *on-line* em seus computadores ou celulares neste instante, fazendo uma pesquisa na internet, realizando uma compra em uma loja virtual, checando as últimas publicações em alguma rede social ou, até mesmo, compartilhando uma publicação (Bortoleto, 2020).

Figura 5.4 – Presença nas redes sociais

Não importa qual atividade você desempenha, se trabalha em uma multinacional, se é autônomo ou se acabou de abrir um pequeno negócio: hoje em dia é altamente recomendável que você, como profissional, não tenha apenas um *site*, mas que também se conecte com seu público pelas redes sociais e que interaja com ele, lembra Bortoleto (2020).

A maneira pela qual se dá a percepção do outro é essencial para as relações humanas e, nesse sentido, aquelas intercediadas por computador têm uma particularidade: graças à inexistência do contato face a face, as pessoas são conhecidas e julgadas por suas palavras, isto é, por aquilo que postam, como informam Marques e Aguiar (2011).

Cardia (2015) explica que a internet deu vazão a um sentimento humano que sempre existiu e gerou um novo lugar que até então era privilégio de umas poucas pessoas que tinham acesso à mídia. A necessidade de exposição, de reconhecimento e *glamour* encontra-se em um estágio possivelmente sem paralelo na história universal.

Dessa forma, devemos ter cuidado na utilização das redes sociais, pois é primordial ter em mente que, quando mal utilizada, ela pode gerar sérios prejuízos à imagem da pessoa ou da organização.

A imagem que concebemos de um usuário de determinada rede social é criada com base naquilo que ele posta e que seus seguidores leem e veem. Desse modo, para que um certo grau de individualização, empatia e identificação, perdidos na falta do contato real, se constitua entre os que postam e os que os seguem, é importante que todo usuário disponibilize a seus seguidores corretas informações da imagem de si (Marques; Aguiar, 2011).

Uma boa imagem digital compreende várias características, entre as quais destaca-se a inovação, já que é preciso estar atento aos múltiplos canais digitais que surgem quase diariamente, examinando-os para checar se funcionam para cada um de nós e para o nosso público, conforme relatam Afonso e Alvarez (2020).

Conforme Cardia (2015), erguer e destruir imagens ficou mais simples, mais célere e mais efetivo por dois motivos: porque a velocidade de disseminação de notícias pela internet (sejam elas falsas, sejam verdadeiras) é muito mais veloz do que aquela que vivenciávamos na mídia tradicional; e porque é muito mais fácil divulgar e impulsionar fatos sem o devido controle sobre sua veracidade do que antigamente.

Antes era preciso um aparato de jornal, rádio ou televisão, hoje basta um computador ligado à internet para que estragos sejam feitos em uma imagem, por meio de rumores, fofocas e falsas notícias em avalanches, com as quais será muito difícil lidar, complementa Cardia (2015).

Isso não quer dizer que a internet é uma "terra sem lei", que não possa ser descoberta a origem de tudo que se posta nas redes sociais e o responsável ser responsabilizado em casos de falsas notícias, também chamadas de *fake news*. No entanto, é necessário que tudo seja resolvido e esclarecido, pois a publicação pode ter sido repostada por milhares de pessoas em segundos, sendo difícil sua reparação.

Figura 5.5 – Notícias falsas

Visual Generation/Shutterstock

É muito comum observarmos, em épocas de eleição, por exemplo, a divulgação de informações de candidatos em várias redes sociais e, logo depois, a Justiça Eleitoral conceder o direito de retratação, na qual a pessoa que fez o *post* deverá refazê-lo com a verdade dos fatos.

Exercícios resolvidos

No mundo digital em que vivemos, em que muitas pessoas acessam diversas redes sociais e realizam diversas postagens, um ponto muito importante com o qual se deve ter cuidado é a imagem que está sendo transmitida por esses meios, pois um simples clique errado pode gerar dores de cabeça para o detentor dessa rede social. Com relação à imagem pessoal e profissional nas redes sociais, analise as afirmativas a seguir.

I. As redes sociais em nada influenciam a imagem profissional do indivíduo, pois as postagens no perfil pessoal têm como objetivo apenas receber *likes* e se divertir.

II. As empresas não costumam observar as redes sociais dos candidatos, em caso de uma entrevista de emprego, por saberem que se trata de um lugar de descontração e interação.

III. Os conteúdos postados, compartilhados e curtidos refletem o pensamento de quem o faz, e sua imagem será reconhecida por meio dessas ações.

IV. A inovação faz parte da construção de uma boa imagem nas redes sociais, pois é preciso estar atento aos múltiplos canais digitais que surgem quase que diariamente, examinando-os para ver se funcionam para cada um de nós e para o nosso público.

Estão corretas as assertivas:

a) II e III.
b) II e IV.

c) I e II.
d) III e IV.
e) I e III.

GABARITO: D

***Feedback* do exercício em geral**: Apenas as alternativas III e IV estão corretas, pois as mídias sociais se tornaram um ambiente de negócios, de estratégias de carreira e de marca pessoal e profissional. Por isso, deve-se ter muito cuidado com as postagens nesses meios, pois as empresas estão cada vez mais avaliando a maneira como nos apresentamos nas redes sociais. Assim como sua imagem digital é tudo o que se sabe sobre si, todas as suas ações dentro das redes sociais refletirão na imagem que será percebida, e as organizações muitas vezes querem conhecer melhor os candidatos, razão por que analisam todos os meios que estiverem disponíveis para isso, não distinguindo se é de interação ou não. Uma forma de conhecer uma pessoa, saber do que ela gosta, seus posicionamentos e sua compreensão de mundo, é por meio das postagens, o que, muitas vezes, fica refletido nas redes sociais, fazendo com que a imagem seja percebida por meio dessas ações. As pessoas devem buscar inovar, percebendo as mudanças que acontecem no meio digital, por intermédio de novas formas de comunicação e interação, aperfeiçoando-se na forma de utilizá-los, pois isso também irá influenciar a imagem.

Os usuários que começam a fazer parte de uma mídia social com a intenção de conversar com amigos e familiares, passar o tempo, jogar *games* colaborativos ou outra forma qualquer de entretenimento têm uma responsabilidade menor, mas nem por isso menos importante do que aqueles que postam em nome de empresas, explicam Marques e Aguiar (2011).

Por isso, Marques e Aguiar (2011) lembram que as novas tecnologias admitem que nossa vida seja vasculhada e, por esse motivo, devemos estar preparados para avaliar se existe alguma coisa no perfil publicado que possa nos prejudicar de forma profissional.

Marques e Aguiar (2011) afirmam que as barreiras entre uma participação de caráter social e uma profissional estão desabando. Atualmente, as pessoas devem tomar muito cuidado com aquilo que publicam em seu perfil social, com aquilo que compartilham e com os conteúdos que acessam, pois isso pode comprometer seu perfil profissional de maneira grave e, muitas vezes, irreversível.

A sua imagem digital é tudo o que se descobre na internet sobre você: seu trabalho, os eventos dos quais participa e suas redes sociais. Tudo o que se encontra disponível *on-line* a seu respeito estabelece a sua imagem digital (Figura 5.6), a qual pode ser encontrada por diversas pessoas em todo o mundo, esclarecem Afonso e Alvarez (2020).

Figura 5.6 – Imagem digital

A primeira questão que se coloca nesse momento tem relação com a diferença entre participar de uma mídia social como pessoa física (socialmente) ou como pessoa jurídica (profissionalmente). Ter uma noção adequada do quanto devemos nos expor nas mídias sociais não é um ponto muito fácil de ser entendido e aplicado. Como consumidores compulsivos, muitos usuários postam por impulso, sem analisar o conteúdo daquilo que compartilham na rede (Marques; Aguiar, 2011).

Essa divisão – pessoal e profissional –, que busca selecionar os contatos de cada área da vida do usuário, acaba determinando o tom de participação em cada mídia. Mesmo que o usuário opte pelo tipo de informação que ficará disponível em cada mídia, assim como a imagem com a qual se apresentará em cada uma delas ou os álbuns de fotografias que compartilhará, deve se manter atento às postagens de forma geral, pois a tentativa de dividir os conteúdos das mídias é válida, mas não assegura uma total eficiência, informam Marques e Aguiar (2011).

Muitas empresas, ao analisar currículos em processos de seleção de funcionários, observam os perfis das redes sociais desses candidatos. Então, quando encontram *posts* como "odeio trabalhar na segunda-feira" ou "todo empresário do Brasil é ladrão", por exemplo, com certeza refletirá uma imagem negativa, mesmo que esta esteja no seu perfil pessoal.

Então, quando o usuário também possui uma imagem profissional a zelar, sua atenção ao conteúdo da rede de caráter mais social deve ser prioritária, evitando mensagens impróprias, comentários vulgares, fotos em situações constrangedoras ou participação em comunidades que se coloquem contra seu perfil na rede profissional. Apesar de separadas, as informações a seu respeito acabam sendo interligadas por pessoas que se interessam em conferir o seu "lado B", destacam Marques e Aguiar (2011).

Mas esse cuidado com as postagens não deve ser uma preocupação apenas das pessoas que estão em busca de empregos ou querem permanecer no mercado de trabalho. As personalidades, os *digitais influencers*, os políticos ou qualquer pessoa que possui algum tipo de destaque nas redes sociais também devem ter cautela ao fazer seus *posts* para que não sejam "cancelados".

Atualmente, vivemos em uma época em que o próprio público está avaliando as postagens e fazendo o que está sendo chamado de *cultura do cancelamento*. Postagens com tons racistas, homofóbicos, discriminatórios ou até mesmo piadas de mal gosto não estão sendo mais aceitas.

Para saber mais

Assista ao vídeo "Como a cultura do cancelamento pode influenciar o comportamento nas redes sociais". Nesse vídeo, demonstra-se, por meio de explicações de especialistas, os estragos que são provocados nas reputações de personalidades de diversas áreas nas redes sociais e como são realizados cancelamentos.

COMO a cultura do cancelamento pode influenciar o comportamento nas redes sociais. 7 min. **Jornal O Globo**, 28 ago. 2020. Disponível em: <https://www.youtube.com/watch?v=IVVnO6M-WAA>. Acesso em: 4 maio 2021.

Por mais que a utilização das redes sociais seja um excelente recurso, não devemos esquecer que as pessoas e as organizações são vistas nesse meio pelas atividades que exibem, ou seja, pelo que curtem, comentam e compartilham – isso é que definirá a imagem que o público desenvolverá sobre o que está vendo.

5.4 Gestão da imagem nas redes sociais

Como vimos anteriormente, a imagem é considerada um patrimônio muito importante para as organizações e as pessoas, pois um simples deslize pode deixar marcas profundas, difíceis de serem resolvidas. Por isso, como já pontuamos, deve-se ter uma preocupação diária com a exposição nas redes sociais.

Conforme Marques e Aguiar (2011), a falta de privacidade é algo que faz parte das novas tecnologias, e ninguém que as aproveite em seu dia a dia poderá reclamar dessa visibilidade, visto que, ao participar de qualquer uma dessas mídias, precisa aceitar os termos de uso. Essa é mais uma razão para que as postagens sejam realizadas com critério, sempre pensando nas consequências que poderão ocasionar.

Dessa forma, ao entrar no ambiente das redes sociais, é fundamental que exista um monitoramento voltado para a análise das postagens e do nível de envolvimento destas em relação ao público-alvo.

Administrar a imagem levando em consideração essa nova realidade é algo ainda mais complexo e trabalhoso, assim como construir imagens é mais simples, principalmente se comparado a como acontecia há duas décadas, informa Cardia (2015).

Figura 5.7 – Construir imagens

Visual Generation/Shutterstock

As informações postadas podem influenciar diretamente a imagem de uma organização. Ao verificar em uma rede social que determinada empresa não entrega os produtos na data prometida ou não oferece assistência adequada, o público tende a colocar em dúvida a credibilidade e a eficiência da organização (Busarello; Ulbricht, 2014).

Quando um indivíduo visita a página de uma empresa em uma rede social, ele não quer somente receber informações a respeito da companhia, mas também conseguir respostas para suas perguntas e explanações, assim como soluções para suas reclamações e comentários, ou seja, quer ter certeza de que sua própria voz foi atendida. Essa dinâmica de mão dupla é considerada o elemento mais importante das mídias sociais. Se isso não estiver claro na sua mente, não importará o tipo de plataforma que estiver usando nem a rapidez com que a utiliza. Cada vez mais as pessoas valorizam e recompensam as marcas e as organizações presentes nas redes sociais que buscam falar com elas. Ao mesmo tempo, cada vez mais esse público passa a desconsiderar aquelas que estão lá apenas para falar sobre si mesmo, sem qualquer intenção de escutá-lo, relata Barger (2013).

As mídias sociais devem ser enxergadas como uma via de mão dupla, devendo ser utilizadas para interagir e ouvir os clientes, e não apenas enviar mensagens e conteúdos diariamente como que de forma rotineira.

Ouvir e interagir com diferentes públicos nas mídias sociais não pode ser considerado uma perda de tempo nem um "mal necessário", tampouco um passatempo para sua mensagem. É, sim, uma parte essencial e indispensável de sua estratégia, e isso é algo que, culturalmente, toda e qualquer empresa deve aceitar e abraçar (não apenas superficial, mas espiritualmente) antes de entrar em um programa de mídias sociais. Se uma empresa apenas segue a rotina ou finge estar aberta a *feedbacks*, quando isso de fato não acontece, o público logo percebe esse tipo de manobra, afinal, não é possível esconder a verdadeira natureza por muito tempo (Barger, 2013).

Para Bortoleto (2020), antes de chegar ao mundo *on-line*, principalmente nas redes sociais, é imprescindível o desenvolvimento de um planejamento que garanta o alinhamento com as estratégias da empresa e um diálogo sólido com os canais já existentes. Onde quer que sua marca esteja presente, seja em uma conta no Facebook, seja em anúncio de uma revista eletrônica, seu público deve reconhecê-la do jeito que ela é, conservando a coerência no discurso e na visão de mundo.

Cada canal exigirá um conhecimento prévio sobre seu funcionamento e suas características. Nesse sentido, é necessário ter domínio sobre os formatos dos conteúdos e de como otimizá-los para conquistar os melhores resultados (Bortoleto, 2020). Segundo Cipriani (2011, p. 105-106):

Sabemos que as estratégias em mídias sociais que deram certo foram aquelas que conseguiram alcançar níveis superiores de engajamento e participação do seu público-alvo e, se esse é o caminho, assim como em qualquer estratégia e tática bem definida, temos plenas condições de encontrar a melhor forma de atingir esse resultado, não sob o formato de regras imutáveis, mas com uma tecnologia que direciona as ações e se preocupa com todos os elementos cruciais para o negócio, fazendo com que a empresa tenha o melhor resultado possível.

Conhecer o espaço em que se está entrando é indispensável para se conseguir o que se espera, contudo, não se deve pensar nas redes sociais como um ambiente de propagandas; não se pode esquecer que elas são lugares de interação, como vemos na Figura 5.8.

Figura 5.8 – Interação

Golden Sikorka/Shutterstock

Além do monitoramento, as organizações devem se preocupar com o planejamento de gerenciamento de crises. Se o chamado *agoraismo* estimula a veiculação de informações sem a verificação adequada, também precisa influenciar a agilidade das respostas. O risco de manchar a imagem por meio de uma informação postada nas redes sociais, é claro, atinge também pessoas físicas, sejam personalidades ou não, conforme explicam Busarello e Ulbricht (2014).

Cardia (2015) explica que talvez uma das manifestações mais devastadoras para qualquer pessoa, física ou jurídica, quando se trata de crise de imagem no mundo virtual é a temporalidade. Uma manifestação na internet não faz parte de tempo algum, ao mesmo tempo que faz parte de qualquer tempo. Isso quer dizer que informações, fatos, fofocas, críticas e notícias perdem a conotação de "jornal de ontem".

Até o surgimento da internet, as notícias veiculadas no dia anterior faziam parte do passado. Quem ouviu, ouviu, quem não ouviu, não ouviria mais. Agora, a notícia é atemporal. Fica lá, gravada para qualquer um que queira a ela voltar na próxima semana ou no próximo ano (Cardia, 2015). Dessa forma, fica mais difícil camuflar algum fato que suje a imagem de qualquer pessoa, física ou jurídica, a partir do momento que caia na rede, assim como o processo para restaurar essa imagem é mais lento.

Muitas pessoas esquecem que estão em "uma vitrine e que tudo que postam pode ser visto por milhares de outras pessoas. Expõem-se gratuitamente de maneira a comprometer sua imagem de forma irreparável" (Marques; Aguiar, 2011, p. 93).

Exercícios resolvidos

A imagem nas redes sociais deve ser gerenciada e monitorada constantemente, visto que atualmente esse meio de interação e comunicação passou a ser um importante canal para se realizar o desenvolvimento pessoal e profissional de um indivíduo. Contudo, é preciso ter cuidado, pois, às vezes, em vez de ajudar a imagem da empresa ou do indivíduo, pode acabar prejudicando, caso sejam tomadas atitudes erradas. Diante disso, analise as afirmativas a seguir, marcando com V as verdadeiras e com F as falsas.

( ) Sempre é relevante opinar nas redes sociais acerca de temas como política e religião, demonstrando seu ponto de vista, sua posição e seu apoio, não se esquivando por causa de pessoas que tenham uma opinião contrária.

( ) Deve-se evitar falar mal de trabalhos anteriores, como também de companheiros de trabalho e superiores hierárquicos, pois esse comportamento pode ser encarado como uma característica negativa.

( ) Não se deve utilizar o canal para valorizar as conquistas nem para divulgar trabalhos importantes, pois pode parecer um tipo de exibicionismo, causando assim uma má impressão.

( ) Não se deve pensar nas redes sociais como um ambiente de propagandas, visto que não se pode esquecer que elas são lugares de interação.

Agora, assinale a alternativa que apresenta a sequência correta:

a) V, V, F, F.
b) V, V, V, V.
c) F, F, V, V.
d) V, F, V, F.
e) F, V, F, V.

GABARITO: E

***Feedback* do exercício em geral**: Apenas a segunda e a quarta alternativa são verdadeiras, pois assuntos polêmicos, como política e religião, podem desencadear discursões desnecessárias e transmitir uma imagem negativa, assim como uma palavra mal colocada pode sugerir preconceito ou intolerância. Deve-se ter em mente também que as redes, principalmente as profissionais, deverão ser empregadas como uma maneira de fortalecer sua imagem, demonstrando suas conquistas e seus trabalhos. Falar mal dos outros em rede social, além de feio, é deselegante. As redes sociais devem ser utilizadas com cuidado para quem quer ter sua imagem percebida de forma positiva. Por isso, elas não devem ser utilizadas como propaganda, pois são lugares de interação. Claro que podem ser utilizadas para informar algo, esclarecer fatos ou disponibilizar alguma atividade que auxilie no processo de percepção da imagem, mas não como um canal de propagandas.

    A gestão da imagem nas redes sociais deve ser realizada para que sejam evitados problemas que causem impacto significativo ou que, pelo menos, eles possam ser contornados com efetividade.

    Cardia (2015) levanta alguns pontos que devem ser objeto de manifestações e declarações nas mídias digitais e sociais:

- » ser sincero;
- » fazer uso da simpatia, mesmo por meio das palavras;
- » não discutir e ser positivo;
- » criar um espaço virtual para que as pessoas possam se manifestar com expressões de amor e carinho;
- » explicar e apagar rumores tão logo eles apareçam;
- » disponibilizar fotos que confirmem sua versão;
- » disponibilizar informações corretas e de forma simples que auxiliem na compreensão dos fatos;
- » convocar seus simpatizantes a deixar expressões de conforto;
- » coordenar de forma ordenada todas as ações de mídias digitais.

O fato é que devem ser utilizadas estratégias para que a imagem seja resguardada no caso de uma crise; entretanto, é melhor prevenir, adotando atitudes, por meio de uma adequada gestão, para que a crise não exista.

Marques e Aguiar (2011) lembram que, independentemente da mídia social em que você deseja estar presente, as regras do bom relacionamento serão as mesmas e sempre fundamentadas em bom-senso, respeito às ideias do outro, educação e gentileza.

Lembrando que você será conhecido pelo que posta; sendo assim, não adianta querer ser conhecido como uma pessoa de respeito se demonstra desrespeito às pessoas que possuem uma opinião contrária.

A opinião que um empresário manifesta nas mídias sociais sobre determinado assunto, produto ou serviço, seja positiva ou negativa, é algo delicado, uma vez que poderá influenciar muitas pessoas. Saber receber críticas e não se sentir tentado a responder de forma impulsiva ou com grosseria é uma das competências esperadas de quem é responsável pelas interações *on-line*, mencionam Marques e Aguiar (2011).

Barger (2013) explica que a transparência não é apenas uma estratégia inteligente, e sim categoricamente obrigatória. Se você não estiver totalmente comprometido com a transparência de seus esforços em mídias sociais, enfrentará consequências não apenas com seu público *on-line*, mas também com os órgãos reguladores.

Além de não mentir, não se deve esconder fatos nas redes sociais, pois tudo pode ser descoberto e, muitas vezes, isso acontece da pior forma possível. Assim, prezar pela transparência e agir com boa-fé ajuda na elevação da imagem diante do público.

Outro ponto é sobre o nível de exposição (Figura 5.9), pois é importantíssimo enxergar de forma clara que a participação em mídias sociais não se assemelha em nada com uma terapia em grupo, na qual se pode colocar para fora qualquer coisa que vier na cabeça (Marques; Aguiar, 2011).

Figura 5.9 – Exposição

Ter cuidado com *posts* preconceituosos ou que não deveriam se tornar públicos também é essencial, pois é válido manifestarmos nossa opinião sobre qualquer assunto, desde que o façamos com responsabilidade, e não de maneira imprudente ou ofensiva. A irresponsabilidade virtual pode ocasionar até o bloqueio do usuário na mídia em que ele tenha manifestado levianamente (Marques; Aguiar, 2011).

Exemplificando

É comum acontecer, em períodos eleitorais, de atrizes ou atores demonstrarem em suas redes sociais afeição por um candidato ou partido. Nesse sentido, deve-se analisar a forma como está sendo feita essa demonstração, como também não se deve atacar a parte contrária, evitando assim atitudes ofensivas.

É fundamental ainda observar a relevância de conteúdo que está sendo exibido, avaliando o que se pretende postar, buscando fazer uso da mídia de forma útil para você e para os outros, assim como ter cuidado ao criar ou participar de comunidades ofensivas, pois a criação com nomes que possam ser ofensivos a alguém ou a alguma instituição pode caracterizar crime (Marques; Aguiar, 2011).

Marques e Aguiar (2011) ainda citam outras particularidades que devem ser observadas e que causam influência na imagem nas redes sociais:

» não postar fotos não autorizadas ou constrangedoras;
» evitar terminar relacionamentos pessoais por meio das mídias sociais;

- » evitar o uso de palavrões;
- » cuidar com a grafia das palavras;
- » monitorar o que se fala sobre sua marca;
- » Não praticar *bullying*.

Deve-se, além disso, conhecer a própria reputação na *web*, prever planos diferentes, pois cada rede é diferente da outra, ouvir e não apenas falar, engajar pessoas, medir resultados e, enfim, conservar-se continuadamente assim. É preciso entender primeiro a imagem que os usuários têm da organização para que assim se constitua de fato um diálogo, tornando possível planejar, mensurar e ter permanência e continuidade nas atividades propostas (Terra, 2017).

Figura 5.10 – Reputação na *web*

Segundo Terra (2017), para operar nesse ambiente das redes sociais, é preciso refletir sobre a personalidade da marca e em como ela deveria agir caso fosse participante desse diálogo. Para lidar com conteúdo criado pelo usuário acerca das organizações, deve-se pensar em diálogo e relacionamento, assim como nas seguintes atitudes:

» levar as organizações a investirem em porta-vozes, gente de carne e osso, e não apenas representantes corporativos anônimos, já que o contato pessoa-pessoa é mais eficiente que pessoa-empresa;
» organizar ambientes colaborativos em que os usuários (sejam funcionários, sejam clientes ou admiradores da marca) possam se manifestar;
» conhecer os perfis e as preferências dos usuários de sua marca, pois, quanto mais informações, melhor a interação;
» apostar em um nicho de mercado e oferecer informações relevantes, que proporcionem serviço ao usuário;
» criar instrumentos de potencialização do boca a boca e contar com o poder viral dos conteúdos na rede.

As organizações também precisam se preocupar com questões como simplicidade, conteúdo interativo, ambientes colaborativos, confiança, atualização e diálogo. Não esquecendo que as mídias sociais são sobre relacionamentos, construção de redes, debates, conforme lembra Terra (2017).

Marques e Aguiar (2011) destacam ainda que a maioria das empresas tem um porta-voz para as mídias sociais, com o propósito de que nenhuma informação que lhes seja desabonadora possa cair na rede imprudentemente ou qualquer momento de insatisfação relacionado à empresa manifestado na forma de um *post* mal-educado por um de seus funcionários possa afetar o futuro profissional dessa pessoa e a imagem da própria empresa.

Então, para que problemas desse caráter sejam minimizados, as empresas devem se preocupar em orientar seus colaboradores sobre a maneira correta de participar das mídias sociais, além de disponibilizar treinamentos e conservar um canal permanente aberto para que dúvidas sejam esclarecidas entre eles e o porta-voz responsável pela divulgação de informações ao público. É preciso existir a conscientização de que a participação das pessoas nas mídias sociais é um episódio de crescimento e que, por isso mesmo, não há mais como se esquivar da necessidade de definir uma estratégia de orientação abrangente.

Síntese

» As imagens, na contemporaneidade, são influenciadas pelo excesso de informações disponibilizadas pelas mídias e por aparelhos tecnológicos que acabam programando a ação de ver, muitas vezes deixando de condizer com a realidade.
» O avanço das tecnologias que ocorreu a partir dos anos 2000 trouxe consigo a tecnologia web 2.0, que compreende os conteúdos criados pelo usuário por meio de aplicativos nas redes sociais e da tecnologia da informação, ampliando assim a possibilidade de conexão entre os indivíduos.
» Como meios de interação, surgiram as mídias sociais, que compreendem as redes sociais no campo da internet e têm como função conectar pessoas que possuam interesses em comum, além de fortalecer essas relações por meio de atores que são considerados os nós da rede e suas conexões formadas pelas interações sociais.
» A utilização das redes sociais causou impacto significativo na vida das pessoas, ocasionando uma profunda mudança na comunicação dos indivíduos, ultrapassando, muitas vezes, o âmbito da sociabilidade para alcançar valor no mercado.

» As pessoas que utilizam redes sociais na internet devem ter cuidado com as informações que publicam nos perfis para que não venham a comprometer sua vida profissional de maneira grave ou até mesmo de forma irreversível.

» Administrar a imagem nas redes sociais ficou mais complicado e trabalhoso, mas construir uma imagem ficou mais simples. Nesse sentido, é essencial entender que as mídias sociais são enxergadas como uma via de mão dupla, na qual deve existir interação.

» Deve-se ter cuidado com o gerenciamento e o monitoramento da imagem nas redes sociais por meio de um bom planejamento e boas estratégias para evitar crises, assim como ter a preocupação com manifestações e declarações nas mídias digitais e sociais.

6. A imagem e o seu poder: ecossistema, criação, manutenção e planejamento estratégico

Conteúdos do capítulo:

» O poder da imagem.
» Análise do ecossistema pessoal.
» Criação e manutenção da imagem pessoal.
» Planejamento estratégico de gestão da imagem.

Após o estudo deste capítulo, você será capaz de:

1. analisar o poder da imagem;
2. compreender a análise do ecossistema pessoal;
3. discutir sobre a criação e a manutenção da imagem pessoal;
4. examinar o planejamento estratégico de gestão da imagem.

Neste capítulo, analisaremos o poder que a imagem exerce no ambiente em que está. Vamos ainda mostrar o que vem a ser o ecossistema pessoal, discutir a criação e a manutenção da imagem pessoal e examinar o planejamento estratégico da gestão de imagem e sua importância.

Introdução do capítulo

A imagem exerce um grande poder diante de quem a analisa, pois, mesmo que não se fale nada, a outra pessoa consegue perceber e tirar conclusões, mesmo que errôneas, sobre as pessoas. Isso acontece em razão do poder que a imagem exerce no indivíduo.

Por isso, saber construir uma imagem de acordo com os objetivos almejados e preservá-la por meio de um bom gerenciamento é essencial para uma imagem pessoal adequada.

Conhecer-se, analisando seus pontos fortes e fracos, e compreender o ambiente em que se está também é fundamental, pois o autoconhecimento é um aliado não apenas para a autoimagem, ele também influencia na percepção daqueles que analisam a imagem.

Mas não adianta apenas técnicas e ferramentas para construí-la; deve-se possuir um planejamento estratégico coerente, com objetivos alcançáveis, missão e visão claras e estratégias fortes e bem delineadas, para se conseguir o posicionamento tão desejado diante do público-alvo.

6.1 O poder da imagem

De acordo com Almeida (2020), mesmo que não queiramos, quando entramos em contato com alguém, deparamo-nos, inicialmente, com sua aparência, instante em que conservamos de forma instantânea uma série de informações (algumas até equivocadas e outras muito significativas, como idade, gênero, raça, religião, *status*, nível socioeconômico, situação financeira, ocupação). Da mesma maneira, ainda dentro dessa visão de avaliação dos primeiros segundos, surgem em nossa mente inúmeras emoções, sentimentos e julgamentos que são projetados ou inspirados com base na imagem que estamos observando.

Como já dizia o filósofo chinês Confúcio, "uma imagem vale mais que mil palavras", pois por meio dela conseguimos perceber um mundo de informações. A imagem, assim, exerce um poder significativo, pois, como vimos, transmite informações sobre os indivíduos e influencia nossa forma de identificar alguém, visto que, muitas vezes, nem precisa ser falado nada, mas conclusões já são tiradas simplesmente da observação da própria imagem.

A imagem é fruto da imaginação, e a imaginação é a nossa resposta à experiência (seja por meio de uma história vivida, seja pela repetição de histórias contadas). A imagem se inicia pela percepção, e as janelas dessa última são os sentidos (olhar, olfato, tato, audição e, para muitos, o extrassensorial) –, aquela sensação na boca do estômago chamada de *intuição*, que é nada mais nada menos que os sinais físicos do conhecimento reunido, como informa Curado (2016).

Exemplificando

Se uma pessoa vai para um encontro e está com uma imagem descuidada, mas em outro está cuidadosamente arrumada, o tratamento e o possível desenrolar do encontro terá um resultado bem diferente entre uma situação e outra, pois somos constantemente julgados pela nossa imagem (Almeida, 2020).

As imagens têm um papel fundamental em nossas emoções, pois provocam nossos sentidos, impulsionando nossa imaginação (Figura 6.1). Assim, quando não compreendemos uma imagem no primeiro momento, utilizamos nosso imaginário ou nossas experiências para descobrirmos o seu significado.

Figura 6.1 – As imagens e a imaginação

VectorMine/Shutterstock

Almeida (2020) lembra que, de modo contínuo, somos bombardeados por símbolos e imagens que representam e identificam alguma coisa e ajudam em nossos julgamentos. A imagem é pura percepção, razão por que os componentes da aparência influenciam na forma como julgamos o outro. Ela atua sobre o nível de atração, afinidade social e intelectual, confiabilidade, credibilidade, bem como na opinião sobre nossa personalidade. A imagem pessoal e o estilo são legítimos "reguladores" do comportamento, das escolhas e da interação social. A nossa imagem pessoal, mesmo que não percebamos, acaba transmitindo algum tipo de mensagem no ambiente em que estamos inseridos.

As imagens são protagonistas no estímulo das nossas emoções, pois seduzem nosso olhar e provocam nossos sentidos, que nos influenciam ao pensamento. Quando não compreendemos uma imagem de forma instantânea, automaticamente buscamos no nosso imaginário e nas experiências já vividas formas para encontrar o seu real significado. No entanto, a interpretação dessa imagem é sempre individual e irá depender da percepção e da sensibilidade de cada um, conforme menciona Almeida (2020).

Somos condicionados, desde crianças, a ser julgadores de opiniões para os fatos que acontecem à nossa volta e, muitas vezes, avaliamos com base em preconceitos no lugar de fatos. Nesse sentido, devemos ser honestos, pois, muitas vezes, não é dado às pessoas consideradas como feias ou fora dos padrões de estética e beleza da atualidade as mesmas oportunidades e a mesma vantagem com que se beneficiam as pessoas designadas como belas. Existe, sim, uma cultura consolidada em julgamentos tendenciosos (Almeida, 2020).

Um simples olhar a distância descreve inconsciente e emocionalmente que aquele desconhecido é bandido; o cheiro daquele bolo lembra o gosto da infância distante; o aperto de mão firme (Figura 6.2) estabelece imediato vínculo de confiança – todas são reações automáticas que manifestam, no passageiro contato exercido pelos sentidos, uma opinião, um gostar e um não gostar (Curado, 2016).

Figura 6.2 – Aperto de mão firme

Tarun Thapar/Shutterstock

Temos poucas informações no momento adequado para fazer associações que vão desenhar aquela imagem (do bandido, do confiável, do cuidadoso), mas elas são suficientes porque se ajustam com ideias, experiências, conceitos e preconceitos que carregamos. A percepção que produz de forma instantânea uma imagem é o resultado de um conhecimento prévio, que não exige muita informação porque os elementos históricos de que dispõe fazem com que imediatamente façamos uma escolha por meio das sensações, dos sentimentos, do emocional, em relação ao objeto percebido: gostamos, não gostamos, tememos, não tememos. A percepção desenvolve uma imagem instantânea, que funciona como um cartão de apresentação e, até mesmo, para conferir se o que se apresenta é real, como afirma Curado (2016).

Uma imagem, quando preparada corretamente, propaga o que quer comunicar rapidamente e de forma objetiva, muitas vezes ficando na nossa memória por muito tempo.

Exercícios resolvidos

Tudo aquilo que se refere à imagem pessoal acaba transmitindo alguma mensagem às pessoas, e isso ocorre em razão do poder da nossa imagem. Nossa imagem transmite uma série de informações, mesmo que não falemos nada, por isso ela é de extrema importância e precisa de atenção constante. Sobre esse tema, assinale a alternativa que demonstra um aspecto do poder da imagem pessoal:

a) Sempre que estiver diante de alguém que poderá ser útil na sua trajetória, tenha atitudes gentis, seja cordial, demonstre ser uma pessoa confiável e competente.

b) A imagem pessoal, quando formada de comportamentos adequados, gera um poder de influência, visibilidade e confiabilidade, exercendo um poder de supremacia nos relacionamentos, sejam íntimos, sejam profissionais ou sociais.

c) A forma como eu me imagino é muito mais importante do que a forma como sou percebido, pois já possuo um autoconhecimento de quem sou e da minha capacidade que não deve ser influenciado pela forma como me veem.

d) A imagem é um conceito passivo que só depende da percepção de quem a analisa, não dependendo de nenhuma atitude de seu detentor para que seja modificada.

e) A imagem que percebemos de alguém não sofre nenhuma influência de imaginário, pois cada pessoa é única e não depende de experiências já vivenciadas que não possuem relação com aquela imagem naquele momento.

GABARITO: B

***Feedback* do exercício em geral**: não podemos ter dois tipos de comportamentos, um na frente daqueles que achamos que podem nos beneficiar e outro diferente para as demais pessoas. Devemos ter atitudes gentis, ser cordiais e demonstrar atitudes positivas para com todas as pessoas, não usar máscaras ou demonstrar ser quem não somos para tirar proveito de alguma situação, visto que, quando atuamos como personagens na vida real, uma hora a máscara cai. Não devemos ter nossa autoimagem como soberana, pois dependemos da percepção do outro para sermos reconhecidos. Nesse sentido, a opinião do outro diante da nossa imagem é muito importante, mas isso não quer dizer que apenas a percepção do outro a influencia, pois ela é fruto das nossas ações, por isso deve ser bem gerenciada. Quando não compreendemos uma imagem de forma instantânea, automaticamente buscamos no nosso imaginário e nas experiências já vividas para encontrar o seu real significado. Isso acontece também com a imagem pessoal, pois, muitas vezes, acabamos fazendo comparações entre pessoas que não possuem nenhuma relação, pelo simples fato de algum acontecimento estar na nossa memória.

> Devemos, então, ter muito cuidado com a imagem que está sendo disponibilizada, pois ela passa diversas informações sobre o indivíduo. A imagem, assim, deve ser formada por comportamentos apropriados, para que transmita informações positivas, seja visível de forma confiável e passe uma percepção de supremacia em qualquer tipo de relacionamento.

A razão pela qual nos identificamos mais com imagens do que com palavras está no processo de assimilação, compreensão e conservação das informações que ocorrem de forma subconsciente, alcançando diretamente nosso emocional (Almeida, 2020).

Muitas vezes, o entendimento das informações de uma imagem independe da cultura ou do nível de instrução. Em muitas campanhas publicitárias ou filmes estrangeiros, podemos não saber decodificar o que as palavras dizem, mas é muito possível que sejamos capazes de compreender o contexto da mensagem por meio das imagens, das expressões corporais e da entonação da voz (Almeida, 2020).

A imagem pessoal equipada de comportamentos adequados provoca um poder de influência, visibilidade e confiabilidade. Desempenha supremacia e efeito no campo dos relacionamentos, sejam eles íntimos, sejam sociais ou profissionais. Podemos perceber isso em agências bancárias, nas quais os gerentes são bem vestidos, ou até mesmo em jantares românticos e especiais, em que as pessoas se arrumam para causar uma boa impressão.

> **Para saber mais**
>
> Para se aprofundar mais nesse tema, assista ao vídeo "Como construir uma imagem de sucesso". Nele, vemos o poder da imagem de acordo com a opinião dos apresentadores, assim como são disponibilizadas dicas de como ter uma imagem forte, que se destaque das demais, e os principais elementos que são necessários para o seu alcance.
>
> JOTA, J. **Como construir uma imagem de sucesso**. 21 min. 4 abr. 2019. Disponível em: <https://www.youtube.com/watch?v=lXXX-MfobtU>. Acesso em: 4 maio 2021.

As práticas da imagem pessoal e do estilo retratam um acumulativo da cultura da autoexpressão e do exercício do poder, embora se perceba uma tendência para a questão da cultura narcisista, na qual o que se destaca, muitas vezes, não é o amor a si próprio, e sim um encanto por uma imagem idealizada, erguida e alimentada pelo olhar do outro. Dentro dessa perspectiva, as pessoas procuram uma imagem e um estilo como resultados do processo de imaginação individual que atingem durante a interação com os outros, assim como do reflexo que possuem de si mesmas, demonstra Almeida (2020). Daí devemos analisar se não estamos fazendo uma avaliação com base em nossa autoimagem, ou seja, aquilo que reunimos fazendo referência a nós mesmos.

Hawkins e Mothersbaugh (2018) definem *autoimagem* como o conjunto de pensamentos e sentimentos do indivíduo no que se refere a si mesmo como objeto. Ela compõe a percepção e os sentimentos de um indivíduo no que diz respeito a si mesmo, ou seja, ela é formada pelas atitudes do indivíduo em relação a ele mesmo.

Autoimagem (Figura 6.3) é o modo como eu me percebo. Imagem é o que os outros veem e imaginam. Quando existe uma grande diferença entre o que eu enxergo e qualifico e como o outro me percebe, pode surgir uma grande frustração. A minha opinião, isto é, como eu me qualifico, me pertence, mas não tenho a domínio do olhar do outro, do que ele vê e percebe ao meu respeito – isso é imagem (Curado, 2016).

Figura 6.3 – Autoimagem

Se, por um lado, eu verifico algo com base na avaliação conduzida a mim por alguém, por outro, também posso assinalar com qualidade e defeitos, com base em minha experiência, coisas, pessoas, serviços e produtos, entende Curado (2016).

Curado (2016) destaca ainda que, além da percepção, que é o primeiro filtro no contato com o ambiente externo e que produz uma imagem imediata, é preciso não esquecer a dimensão racional da imagem, porque ela existe. Depois de percebida, a situação passa ou não a ser examinada. É o momento da observação, quando são reunidas as informações que podem ou não desmentir a percepção. E aí está a armadilha dos portões dos sentidos: eles influenciam nossa observação.

Possuímos crenças e atitudes que podem ser percebidas como nossos pontos fortes, as quais nos destacam de outros indivíduos; outras, no entanto, revelam os nossos comportamentos que ainda precisam ser modificados ou adequados a uma nova realidade, como explanam Matteu, Ogata e Sita (2012).

Almeida (2020) explica que, independentemente de crenças e julgamentos, firmamos com as pessoas primeiramente um relacionamento não verbal, em que aspectos como vestuário, linguagem corporal e expressões faciais afetam intensamente a impressão que possuímos e que provocamos, a não ser que o primeiro contato seja por telefone. Nessa situação, o destaque fica por conta da comunicação verbal, a qual compreende entonação de voz, ritmo, coesão e clareza de discurso.

Dessa forma, sempre teremos elementos a serem analisados em um primeiro momento e que constituirão nossa imagem na mente de alguém, seja por meio da comunicação verbal ou da não verbal, seja mediante nossa forma de vestir, de pensar, de agir.

Segundo Reis (2015), a imagem da marca possibilita a identificação, a diferenciação e o delinear do perfil da marca pessoal, contribuindo assim para o seu posicionamento. Existem quatro condições, como mostra a Figura 6.4, para produzir uma imagem forte: intercâmbio, continuidade, consistência e individualidade.

Figura 6.4 – Condições para uma imagem forte

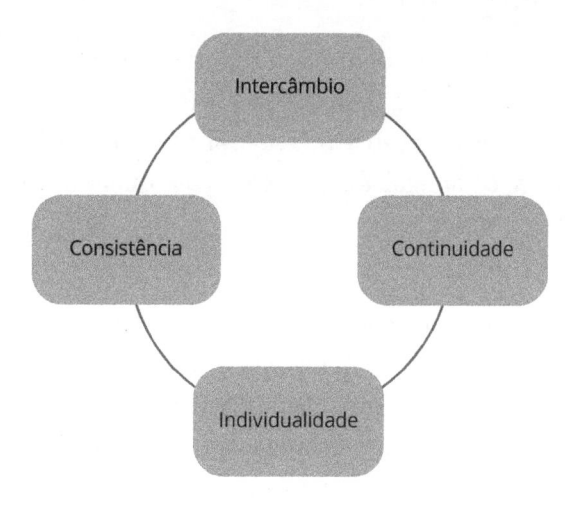

```
        Intercâmbio
       /           \
Consistência    Continuidade
       \           /
       Individualidade
```

O intercâmbio entre o gestor da marca e o ambiente externo é imprescindível, tendo em conta as expectativas da audiência. A continuidade deve ser considerada como esforço, sem se tornar inflexível. A marca pessoal baseia-se em atributos constantes e em atributos variáveis: os constantes são essenciais à marca, pois, se sofrerem modificações, a marca se altera; já os variáveis, como a aparência, podem se modificar sem prejudicar o núcleo da marca (Reis, 2015).

A individualidade, por sua vez, é o que vai tornar possível o posicionamento. Tal como nos produtos, a marca pessoal apresentada pelo indivíduo deve ser o mais coerente possível com a autoimagem almejada pelo consumidor (Reis, 2015).

> **Exemplificando**
>
> A imagem de Steve Jobs, que deriva da sua identidade pessoal, é caracterizada não só pelo seu trabalho na Apple, mas também pelo seu feitio especial, pela sua relação com a família, os amigos e as pessoas com quem trabalhou (Afonso; Alvarez, 2020).

Quando tornamos nossa imagem pessoal uma marca, ela se torna mais importante, pois influenciará não só nosso cotidiano social, mas também nossa vida profissional e financeira.

Da mesma forma que a identidade da marca deve ser complementada com a identidade humana, a imagem da marca pessoal não pode ser separada da imagem do ser humano. A imagem humana pode ser detalhada conforme duas perspectivas diferentes: (i) descreve a autoimagem do indivíduo, o que constitui o modelo mental de si próprio; ou (ii) descreve a imagem que os outros têm do indivíduo. Os dois pontos de vista são recíprocos, uma vez que a forma pela qual o indivíduo é percebido pelo seu meio influencia a imagem mental que ele desenvolve sobre si próprio. Da mesma forma, o modelo mental que o indivíduo possui de si próprio influencia a forma como os outros pensam sobre ele (Reis, 2015).

Lima (2019) afirma que pode até parecer que a imagem é um conceito passivo, ou seja, que existe somente na mente do nosso interlocutor e que não depende de nós. Todavia, ela é fruto das nossas ações e, exatamente por isso, pode e deve ser gerenciada. Nos dias de hoje, em que somos cada vez mais uma sociedade visual, a imagem pessoal tornou-se de fundamental importância para o sucesso em todas os campos de trabalho.

6.2 Análise do ecossistema pessoal

Uma forma de avaliar o meio ao nosso redor é mediante a análise do ecossistema pessoal. De acordo com o Dicionário *on-line* de português, ecossistema é um sistema que compreende o "conjunto das relações dos seres vivos entre si e/ou destes com o ambiente" (Dicio, 2021a).

Quando partimos para o âmbito do ecossistema pessoal, percebemos que ele é formado por um conjunto de componentes (ou atores) que influenciam, direta ou indiretamente, a imagem do indivíduo e a sua percepção.

Esses atores que compõem o ecossistema pessoal consistem em várias pessoas que podem ser consideradas peças-chave para a análise da imagem, em razão dos vínculos e da importância relacionados com o cotidiano do indivíduo.

O conceito de ecossistema pessoal auxilia de forma estratégica na compreensão do meio em que estamos inseridos, o qual é formado pelas pessoas que compõem o nosso círculo pessoal. Esse círculo abrange:

» âmbito de interesse;
» grupos sociais;
» *hobbies* e atividades que não tenham relação profissional.

Depois de fazer o levantamento desse círculo pessoal, procure estabelecer aqueles que possuem conexões uns com os outros, encontrando ligações que antes não eram percebidas.

Por meio dessa análise, é possível verificar sua relação pessoal com o meio em que está inserido por meio dos vários contatos do cotidiano.

Tapajós (2020) lembra que nosso corpo é o nosso limite e, quando cuidamos bem dele, favorecemos, também, nossa mente, nossas relações e até o meio ambiente, já que fazemos parte dele.

Por isso, cada indivíduo desenvolve seu ecossistema pessoal ao se relacionar com os quatro elementos da natureza: água, ar, terra e fogo, para os quais devemos dar atenção a fim de que nosso dia a dia não seja afetado pela falta de algum deles.

Podemos começar analisando a importância da água, pois sem água não existiria vida, visto que mais de 70% do organismo humano é formado por esse elemento. Devemos beber água, já que ela ajuda a regular o funcionamento do organismo e a atividade dos órgãos, além de auxiliar na eliminação de toxinas e na prevenção de doenças. Outro grande benefício da água é quanto à higiene pessoal; porquanto, tomar banho é indispensável, pois previne doenças e, dependendo da temperatura da água, interfere em nosso metabolismo (banhos gelados aceleram o ritmo e banhos quentes ajudam a relaxar) (Tapajós, 2020).

Respirar bem é imprescindível para a manutenção da saúde, por isso algumas práticas devem ser adotadas, como o hábito de fazer exercícios ou praticar esportes. É preciso também ter cuidado com o sono, observando sua qualidade, visto que ele é essencial para a vida, conforme destaca Tapajós (2020).

Sobre o elemento terra, Tapajós (2020) cita a importância de estar em harmonia por meio de uma boa alimentação. Nesse sentido, temos de ter cuidado com o solo e com os alimentos que ele nos dá. Já o fogo nos auxilia no cozimento desses alimentos, como também é nossa fonte de calor e iluminação.

Ao compreender os quatro elementos da natureza, suas características e sua importância para nosso dia a dia, entendemos melhor nosso corpo e nossas atitudes.

6.3 Criação e manutenção da imagem pessoal

A imagem pessoal é construída por meio de processos. Ela não é feita da noite para o dia nem nasce pronta, mas é resultante de acumulações e interações.

Para Garay (2019), a imagem pessoal é, na verdade, a mais difícil de ser criada, porque é formada sem que o ser humano tenha muito comando sobre ela, pois, quando criança, o indivíduo não tem conhecimento sobre a necessidade de construir essa imagem, apesar de tentar "vender" uma imagem de bom ou mau filho, de bom ou mau aluno, de bom ou mau colega, enfim, de maneira imperfeita e intuitiva, cria-se uma imagem.

Já na fase adulta, muitas das características da imagem estão constituídas sem que se possa voltar atrás e gerar mudanças radicais de trajetória na construção da imagem, porque aí estão compreendidos os traços de caráter e personalidade que enquadram a imagem de qualquer indivíduo.

No entanto, isso não quer dizer que depois de adulto você não possa ter uma imagem pessoal significativa porque não a desenvolveu anteriormente. Sempre se pode construir uma imagem como se espera. Contudo, esse processo é lento e precisa de muito empenho.

Conforme Almeida (2020), as pessoas determinam as escolhas em relação ao modo de ser e de estar segundo as referências e identificações que carregam desde a infância. As roupas que escolhemos, além de representarem para os outros o nosso bom ou mau humor, também atingem a nossa confiança e nossa saúde em geral. Nesse sentido, as roupas podem afetar nosso sucesso ou nos influenciar expressivamente das maneiras elencadas na Figura 6.5.

Figura 6.5 – Maneiras de influenciar

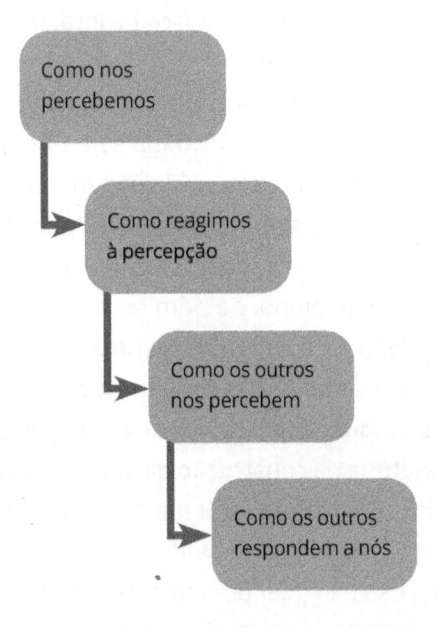

- Como nos percebemos
- Como reagimos à percepção
- Como os outros nos percebem
- Como os outros respondem a nós

Da mesma forma como analisamos alguém pela maneira de se vestir, também somos analisados e julgados – não apenas pelas roupas, mas também por vários outros aspectos, como: comportamentos, modo de sentar e de gesticular, forma de falar e de ouvir, dentre outros. Por meio desses aspectos, a percepção e a resposta a essa expectativa influenciam a nós e a outros sujeitos.

Curado (2016) explica que é muito difícil para o ser humano ser precisamente tudo o que almeja ser, pois existe uma longa estrada, assim como ser o que o outro espera que ele seja. Ao constatarmos que existe uma imagem entre nós e o público e aprendermos a nos observar a partir do ponto de vista desse público, reduzimos a distância entre nós e os outros. Porque, afinal, se nos conectamos pela imagem, que é estabelecida pela nossa comunicação, ela se torna mais eficaz quando nossa mensagem leva em consideração os desejos, os interesses e as expectativas do público.

Assim, é muito importante sabermos para qual ambiente nossa imagem pessoal será construída. Isso não significa que deveremos ficar mudando nossa imagem a todo instante, principalmente porque não está sendo criado um personagem. O que devemos levar em consideração é que devemos saber como queremos ser reconhecidos dentro daquele determinado ambiente, ou seja, qual a imagem que queremos passar para as pessoas que estão ali.

É certo que alguns aspectos da nossa imagem física não podem ser modificados (altura e estrutura óssea, por exemplo), enquanto outros podem ser radicalmente alterados (como peso e estética). Entretanto, na maioria dos casos, para aprimorar a imagem, basta usar roupas diferentes, mudar a maneira de falar e de estar em público, além de cuidar do aspecto exterior, aperfeiçoando assim a chamada *comunicação não verbal* (Amaral, 2018).

Almeida (2020) lembra que não se pode impor uma imagem pessoal aos outros, pois esta se refere a uma percepção externa que eles possuem de nós. No entanto, pode-se transformar determinados elementos que auxiliam de forma positiva em um processo de gerenciamento, que abrangem os fatores externos:

- » Maneira como nos vestimos: aparência.
- » Forma como nos comportamos: linguagem corporal.
- » Modo como nos comunicamos: forma verbal e não verbal.

A aparência de um indivíduo é o primeiro estágio de interação entre seres humanos, e as impressões coletadas dessa interação são categóricas para interações futuras, que podem manifestar identificação positiva ou negativa, esclarece Almeida (2020).

Quando não possuímos uma boa aparência (Figura 6.6), rapidamente seremos julgados nos primeiros segundos, razão por que a aparência aparece como primordial e nosso carro-chefe.

Figura 6.6 – Boa aparência

PH888/Shutterstock

A pessoa que tem autoconhecimento e autopercepção desenvolvidos têm maior possibilidade de reinventar a aparência, repaginando-a para ser um outro melhor, de forma a produzir um maior vínculo com seu interior. A aparência e a mente se completam e se expressam de forma harmônica no ambiente externo, o que possibilita um saudável gerenciamento da imagem, com impactos positivos nos relacionamentos (Almeida, 2020).

Matteu, Ogata e Sita (2012) afirmam que se deve ter cuidados básicos com o estilo pessoal, pois a composição deste pode fazer toda a diferença: vestimentas, cores, visual e gestual devem ser apropriados a ocasiões cotidianas.

Exemplificando

Perceba como as pessoas se vestem e se apresentam no ambiente de trabalho. Elas podem se apresentar de modo formal (calça social, camisas, ternos, paletós) ou de modo informal (calças *jeans*, blusões com cores discretas ou fortes e vibrantes etc.), como exemplificam Matteu, Ogata e Sita (2012).

Depois entra o segundo estágio, nossa linguagem corporal. Para alguns autores, a forma não verbal de comunicação está interligada com a linguagem corporal, pois por meio dela demonstramos sentimentos e emoções. Nossa comunicação não verbal acontece por meio de gestos, expressões faciais, corporais e pelas reações diante de determinadas situações. A maneira como nos comportamos compreende vários elementos, como a forma de se sentar, gesticular, andar, comer, e até mesmo o estado emocional, dentre vários outros.

Matteu, Ogata e Sita (2012) orientam a utilização da inteligência emocional e da linguagem corporal em benefício próprio. Nesse sentido, procure perceber a forma como as pessoas agem diante de determinadas situações e estímulos no dia a dia e busque responder ou reagir de forma a conservar sua segurança, confiança e credibilidade. Observe que a linguagem corporal, identificada por meio das reações do nosso corpo nas diversas ocasiões que experimentamos, como suores, palidez, a forma como nos sentamos ou olhamos para alguém, demonstra uma intenção.

Amaral (2018) cita como requisitos de uma boa imagem a pontualidade, explicando que esta é considerada o primeiro requisito de uma boa imagem nos manuais de protocolos, pois a ausência pode demonstrar falta de consideração por quem espera. Além disso, é importante ser bem-educado e positivo, visto que as pessoas reagem melhor a uma crítica que se inicia com um elogio e que é realizada de forma sensata e positiva.

Deve-se também reconhecer e desenvolver habilidades interpessoais do comportamento humano que produzem expectativas positivas, como gentileza, cooperação, saber ouvir com empatia e atenção, saber fazer e receber elogios e críticas. Também é relevante pensar e agir de forma positiva, por meio de atitudes como: ser objetivo, ter iniciativa, apresentar uma comunicação aberta, ser automotivado, buscar o equilíbrio e a qualidade de vida, reduzir o estresse, ter atitudes e relacionamentos saudáveis e produtivos (Matteu; Ogata; Sita, 2012).

É fundamental ainda ter um bom *networking*, pois constituir e cultivar uma rede de relacionamentos é, sem dúvida, um importante capital social, uma vez que eleva a capacidade de tomar decisões corretas, expande a sua visibilidade no mercado, além de aperfeiçoar a empregabilidade. A rede de relacionamentos existe em todos os espaços em que conhecemos pessoas, estabelecemos contatos e nos fazemos conhecer, como descrevem Matteu, Ogata e Sita (2012).

O que é?

O *networking* é a maneira pela qual criamos, mantemos e utilizamos a rede de relacionamentos, ou rede de contatos, nos mais variados ambientes e usamos essas relações para um fim determinado.

Por meio do *networking* podem surgir várias oportunidades, como também é possível conseguir muitos benefícios, pois, pela participação ativa, elevam-se as possibilidades de novos conhecimentos, assim como indicações e valorização pessoal.

O *networking* é estabelecido em uma base na qual a relação entre a reputação pessoal e a profissional é alicerçada na confiabilidade. Reputação é o conceito que os outros possuem de você; ela nasce com a primeira impressão e se desenvolve à medida que as pessoas o conhecem melhor, enquanto a confiabilidade é resultante dos seus comportamentos (Matteu; Ogata; Sita, 2012).

Figura 6.7 – *Networking*

Afonso e Alvarez (2020) explicam que a consistência acarreta confiança, a qual, por sua vez, gera lealdade. Essa é a razão por que buscamos com frequência aqueles em quem confiamos, quer sejam amigos, quer meramente façam parte do nosso cotidiano. Se o indivíduo consistentemente der provas de profissionalismo e competência, além de ser reconhecido pelo seu trabalho, torna-se uma pessoa confiável para, em situações futuras, ser o eleito, estabelecendo fidelidade ao trabalho.

A confiança é um importante elemento para as pessoas que estão ao nosso redor. Por isso mesmo, é importante não fazer promessas que não se pode cumprir, como também evitar fofocas e frases de duplo sentido.

A construção de uma imagem é lenta e detalhada. No entanto, no caso profissional, a imagem requer uma velocidade maior em sua construção, mas nem por isso menos detalhada (Garay, 2019).

Nesse sentido, a construção da sua marca pessoal deve ser bem firmada, ou seja, requer aperfeiçoamento ininterrupto, aproveitamento das oportunidades de novos aprendizados e leituras que construam a solidez de sua marca por meio de conteúdos de valor (livros, artigos científicos, revistas especializadas). É dessa maneira que poderão ser agregados conteúdo e conhecimento de valor a serem aplicados no cotidiano profissional (Curado, 2016).

Reis (2015) afirma que, no processo de criação de uma marca pessoal, têm sido adotados os mesmos princípios estabelecidos para produtos, o que levanta uma questão controversa. Defende-se que, no caso de seres humanos, quando se começa a trabalhar uma marca, o conjunto de atributos e valores já se encontram totalmente desenvolvidos. Então, o que se verifica, na prática, é que os indivíduos não são aconselhados a submeter-se a uma reformulação da pessoa como resposta às necessidades do mercado; ao contrário, devem trabalhar com o que possuem, tornando-se, assim, especiais.

Todavia, constata-se que, se o conselho se destina a candidatos a um emprego, o destaque dado é que o indivíduo deve construir um produto fundamentado nele próprio, que depois pode ser reconhecido o mais efetivamente possível. O conflito se estabelece no seguinte ponto: por um lado, é esperado que os indivíduos respondam aos consumidores, levando em consideração os princípios do marketing; por outro, são aconselhados a construir uma imagem de marca verdadeira, dirigida pelo conjunto de atitudes e atributos únicos, a qual não só será reflexo da unicidade do indivíduo, mas também efetivará a presença de marcas pessoais competidoras (Reis, 2015).

Essa é a razão da importância de se pensar em construir uma imagem profissional autêntica e baseada nos atributos pessoais de cada indivíduo, visto que ela é uma ferramenta estratégica de competitividade diante da concorrência no meio corporativo.

Exercícios resolvidos

Para se criar e conservar uma imagem pessoal bem posicionada, o indivíduo deve se preocupar em aperfeiçoar-se ininterruptamente, assim como aproveitar as oportunidades de novos aprendizados, sempre pensando no presente e no futuro, buscando meios e estratégias para se destacar e se diferenciar diante dos demais. Com relação à criação e à manutenção da imagem pessoal, analise as afirmativas a seguir.

I. É muito fácil sermos quem almejamos ser, como também nos transformarmos na pessoa que os outros esperam de nós, basta apenas boa vontade e sabermos aonde queremos chegar.
II. Algumas atitudes que devemos analisar na construção da nossa imagem se referem a nossa comunicação verbal e não verbal, pois elas influenciam muito na percepção que o outro tem de nós.
III. Diante de algum compromisso, deve-se evitar chegar na hora, pois se atrasar um pouco, deixando as pessoas esperando, é uma forma de demonstrar que você é importante.
IV. A construção de uma imagem é lenta e detalhada; contudo, quando partimos para o âmbito profissional, a imagem requer uma velocidade maior em sua construção, mas nem por isso menos detalhada.

Estão corretas as afirmativas:

a) I e IV.
b) I e III.
c) I, II, III, IV.
d) II e IV.
e) I e II.

GABARITO: D

Feedback do exercício em geral: Não é nada fácil ser quem almejamos; pelo contrário, é muito difícil para o ser humano ser precisamente tudo o que almeja ser, assim como ser o que o outro espera que ele seja, pois existe uma longa estrada até que isso ocorra, já que a construção de uma imagem é lenta e detalhada. A pontualidade é muito importante na criação da imagem. Deixar pessoas esperando não é nada elegante, pois demonstra descaso e desrespeito por quem espera, razão por que a pontualidade é considerada um dos elementos mais importantes nos manuais de protocolo. Tudo o que falamos ou até mesmo deixamos implícito – por exemplo, por meio da nossa forma de se vestir e se comportar –, ou seja, pela nossa comunicação verbal e não verbal, transmite algo sobre nós, por isso todos esses aspectos devem ser levados em consideração na construção da imagem. Quando queremos construir uma imagem profissional, temos o intuito de conseguir ou conservar uma posição nesse meio, por isso não podemos ficar esperando muito tempo. Contudo, mesmo que a marca seja construída em menor tempo, todos os detalhes na sua construção devem ser levados em consideração, para que ela consiga alcançar o objetivo almejado.

Na criação da imagem de empresas ou pessoas públicas, a imprensa age como uma importante via de ligação entre "quem percebe", ou seja, o leitor, ouvinte ou telespectador, e "quem é percebido". Ela mesma funciona como um filtro que seleciona as informações que publica e colabora com sua narrativa para que os vários públicos criem imagens de pessoas, de organizações, de instituições, de produtos e de serviços (Curado, 2016).

Como resultado da representação de histórias pela imprensa, surge outro acontecimento, sobrepondo-se à criação da imagem: a opinião de alguém, baseada ou não em fatos, a respeito de outro alguém ou de algo. Esse fato é relevante porque, em determinado momento, concretiza-se ou solidifica-se esse juízo de valor, e essa qualificação se estabelece, então, como reputação (Curado, 2016).

Diante disso, outro ponto que merece ser analisado é quanto à utilização de redes sociais e de perfil pessoal e profissional. Como vimos anteriormente nesta obra, é necessário ter muita atenção ao conteúdo que é disponibilizado e de como está a imagem diante desse meio. As redes sociais só serão uma ferramenta útil se você souber utilizá-las com responsabilidade.

Consoante Matteu, Ogata e Sita (2012), no mundo corporativo ou institucional, impõe-se ao profissional o desenvolvimento de competências e das experiências técnicas e comportamentais, disponibilidade e flexibilidade ante as mudanças estratégicas, além de habilidades e atitudes que promovam os relacionamentos, iniciativa, capacidade de integrar e motivar os seus pares e equipes. Nesse sentido, são essenciais os cuidados e a manutenção com a imagem pessoal, de forma que esta seja compatível com a imagem que a própria empresa deseja e pela qual espera ser reconhecida pelos clientes, consumidores e parceiros.

Sendo assim, tão importante quanto criar uma boa imagem é mantê-la, pois construí-la e não conservá-la é trabalho jogado fora.

A manutenção da imagem é um exercício diário de postura e caráter. Já no caso de uma má imagem, basta que se viva o dia de hoje para calcular ao fim dele crises, desconfortos, inimizades, rancores e perda de negócios. O que fica claro é que manter uma boa imagem exige uma atenção constante, ao passo que, para uma má imagem, basta que nada se faça de certo e ela se conservará, esclarece Garay (2019).

6.4 Planejamento estratégico da gestão da imagem

Segundo Frossard (2020), como sujeitos pensantes que somos, o ato de planejar é atitude comum em nosso cotidiano. Atividades como refletir, decidir, agir e avaliar os resultados é postura natural e indispensável, essencial à natureza humana. Mesmo que não percebam, as pessoas estão sempre planejando; e isso vale desde as decisões mais simples até aquelas mais importantes, que determinam rumos em suas vidas.

O processo de planejamento é inerente a qualquer atividade humana. O que o diferencia é se ele é bem ou mal conduzido, se é encarado de forma racional e técnica ou sem a devida reflexão, que induzirá a decisões e ações equivocadas e com resultados insignificantes (Frossard, 2020).

Por meio do planejamento, buscamos prever o futuro com a definição dos objetivos, bem como de metas, estratégias e meios imprescindíveis para o alcance desses objetivos. Assim, com o planejamento, buscamos atingir o objetivo proposto e, com isso, conseguir vantagem competitiva.

As vantagens competitivas dentro da gestão de imagem podem ser vistas como as características que a diferenciam das demais e que, quando efetivada essa comparação, possam assegurar um melhor valor competitivo. Planejar estrategicamente essa diferenciação é a chave para impulsionar uma carreira de sucesso (Oliveira; Santos, 2008).

Lucinda (2015) define *planejamento* como o ato de planejar, estabelecer objetivos e a melhor forma de alcançá-los, ou seja, organizar-se da melhor maneira possível para um futuro desconhecido.

Já *estratégico* é tudo o que é importante para a vida do indivíduo a longo prazo, tudo que ocasionar em sucesso, realização pessoal e felicidade, assim como tudo que significar um crescimento pessoal sustentável, afirma Lucinda (2015).

O planejamento caracteriza-se como um processo, não em um ciclo, pois está em permanente avaliação e revisão e retomada de metas e objetivos que determinam novas estratégias de intervenção, resultantes da dinamicidade da realidade e das próprias mudanças que ele produz durante sua execução. Implica, essencialmente, em ação, sem a qual não teria sentido, vivenciada em três grandes momentos: elaboração, execução e avaliação (Frossard, 2020).

Figura 6.8 – Momentos do planejamento

Elaboração → Execução → Avaliação

Correia (2017) lembra que o planejamento acontece por meio da decisão antecipada do que fazer: como, quando e quem deverá fazê-lo. Planejar resulta em determinar diretrizes, estabelecer prioridades, adotar decisões e até prever obstáculos antes que eles aconteçam, sem esquecer de ajustar os objetivos e recursos das empresas às oportunidades do mercado. No caso de imagem pessoal, esse ajuste é relacionado ao próprio indivíduo.

Um planejamento bem feito deve levar em consideração as mudanças que podem acontecer no ambiente, bem como no próprio indivíduo, razão por que ele deve ser revisto sempre que necessário para as devidas adaptações.

Shinyashiki (2007) entende o ato de planejar como o trabalho de pensar, analisar e decidir, e a estratégia, como o efeito desse planejamento, por isso podemos conceituá-lo como **plano estratégico**.

O planejamento estratégico (Figura 6.9) consiste em um plano estruturado que tem início com a definição:

» da missão e da visão, que determinam o que se faz o onde se pretende chegar;
» dos valores, que correspondem às diretrizes sobre as quais se estará fundamentado;
» os objetivos a serem atingidos;
» as estratégias que serão empregadas para alcançá-los.

Figura 6.9 – Planejamento estratégico

Quando analisamos o planejamento estratégico dentro da gestão da imagem, identificamos a missão como a razão de existência, ou seja, para que a imagem existe. Já a visão, para Oliveira (2008, p. 60), "nada mais é do que ter a noção exata de quem somos, do que acreditamos e do queremos ser". Ela é a forma como se quer ser percebido no futuro, ou seja, demonstra a orientação da imagem para o futuro. Os valores, por sua vez, são os aspectos que orientam as decisões cotidianas e envolvem elementos como princípios, crenças, entre outros.

Quando uma empresa estabelece, por exemplo, sua missão, sua visão e seus valores, ela decide como quer ser vista por seus diversos públicos. Do mesmo modo, determina paradigmas ao divulgar sua excelência na prestação de serviços ou nos seus produtos, sua responsabilidade e sua honestidade. A maneira como deseja ser percebida pelos seus públicos de relacionamento tem a mesma natureza do nosso comportamento individual nas nossas relações pessoais (Curado, 2016).

Perguntas & respostas

O planejamento estratégico influencia na personalidade da pessoa diante da sua imagem?

Cada indivíduo deverá possuir sua própria personalidade, bem estruturada e que represente sua missão e seus valores. Esses elementos devem ser baseados na personalidade e na identidade de cada pessoa e deverão ser facilmente reconhecidos pelo público.

Os valores são importantes porque as melhores escolhas são aquelas que estão em conformidade com eles. Todas as vezes que decidimos em discordância com nossos valores, nos sentimos desconfortáveis. Também é interessante perceber que muitas pessoas percorrem a vida sem tomar consciência de seus valores. As escolhas do que comemos e vestimos, de aonde vamos, das pessoas com as quais nos relacionamos são muito influenciadas por nossos valores, relata Lucinda (2015). Curado (2016), por sua vez, explica que os valores, as entregas e os comportamentos precisam estar alinhados com base na compreensão do que se é.

Shinyashiki (2007) cita as regras para serem utilizadas em uma boa estratégia:

- » Sempre reflita sobre o seu objetivo.
- » Realize uma análise SWOT: seus pontos fortes e fracos, as ameaças e as oportunidades.
- » Determine que percursos poderão levá-lo ao seu objetivo.
- » Relacione as ações que podem ser colocadas em atividade para alcançar seu objetivo.
- » Analise se as ações estabelecidas são coerentes.
- » Escolha as principais ações e organize-as na ordem cronológica em que devem ocorrer.
- » Identifique quem poderá auxiliá-lo a pôr em prática todas as ações.
- » Coloque as ações em prática imediatamente, com um trabalho muito sólido.
- » Analise se os resultados estão sendo alcançados e faça adaptações, se necessário.
- » Comemore os resultados.

> ### *O que é?*
> A análise SWOT é uma ferramenta utilizada para fazer o diagnóstico estratégico, no qual são coletados dados e informações sobre o ambiente interno, que constituem as variáveis controláveis compostas pelas forças e fraquezas, e sobre o ambiente externo, que são as variáveis não controláveis formadas pelas oportunidades e ameaças.

Christensen et al. (2018) afirmam que a maioria das pessoas acha que sabe quais são seus pontos fortes ou potencialidades. Em geral, estão erradas. Com frequência, conhecem melhor suas fraquezas (e, mesmo assim, muitas se enganam). No entanto, um desempenho de alto nível depende apenas das potencialidades de cada um.

Ao longo da história da humanidade, não existiu a necessidade de avaliar os próprios pontos fortes. Uma pessoa nascia numa posição social e com uma profissão predefinida por seus antepassados – por exemplo, o filho de um camponês seria um camponês. No entanto, hoje em dia temos escolhas. Sendo assim, precisamos conhecer nossas qualidades para saber onde nos inserir (Christensen et al., 2018).

Quando falamos em *gestão de imagem*, isso se torna imprescindível, visto que a imagem é formada de elementos que o próprio indivíduo possui e que precisam ser bem administrados.

Para isso, no entanto, é preciso possuir um razoável conhecimento das próprias forças e fraquezas, porque senão o profissional corre o perigo de estar com um plano perfeito no que se refere à estrutura, mas delicado quanto ao conteúdo, como ilustra Correia (2017).

Deve-se procurar na memória experiências marcantes (as positivas e as negativas), analisar quais fatores partiram de você que colaboraram para o delineamento dessas situações, além de rever como estava o cenário, qual foi sua postura, suas atitudes, seu estado de humor e seu vestuário. Por meio desses indicadores, é possível compreender e estabelecer melhorias para situações futuras (Almeida, 2020).

Nesse sentido, a única maneira de descobrir os pontos fortes é por meio da análise de *feedback*. Sempre que você decidir sobre algo importante ou realizar uma ação de peso, anote os resultados esperados. Nove ou 12 meses após, compare os resultados reais com suas expectativas. A prática consistente desse processo simples lhe mostrará em pouco tempo, talvez dois ou três anos, quais são seus pontos fortes (e reiteramos: é muito importante conhecê-los).

O método apresentará o que você faz ou deixa de fazer que o impossibilita de se beneficiar de forma integral de suas potencialidades. Também revelará em que você não é particularmente competente e, por fim, as áreas em que suas potencialidades são diminuídas, nas quais você não produzirá bons resultados (Christensen et al., 2018).

Christensen et al. (2018) afirmam que diversas implicações para a ação derivam da análise de *feedback*, quais sejam:

» Em primeiro lugar, concentre-se em suas potencialidades, posicionando onde estas vão gerar melhores resultados.
» Segundo, trabalhe para aperfeiçoar esses pontos fortes. A análise mostrará rapidamente onde você precisa melhorar ou adquirir novas habilidades e deixará claro onde estão seu conhecimento e suas lacunas (que, geralmente, podem ser preenchidas).
» Terceiro, descubra onde sua arrogância intelectual está causando ignorância paralisante e supere-a. É igualmente imprescindível livrar-se dos maus hábitos que atrapalham sua eficiência e seu desempenho.

Conhecer esses aspectos é importante para desenvolver uma estratégia apropriada, pois, com base nessa análise, é possível encontrar formas de utilizar seus pontos fortes, corrigir seus pontos fracos, aproveitar as oportunidades e se defender das ameaças ou destruí-las, como informa Shinyashiki (2007).

Assim, por meio da análise de *feedback,* além de compreendermos nossos pontos fortes, também poderemos entender os outros aspectos da matriz SWOT e, consequentemente, ter um diagnóstico estratégico mais adequado.

Comparar as expectativas com os resultados também indica o que você não deve fazer. Todos possuímos áreas em que não temos nenhum talento ou habilidade. Desse modo, não devemos assumir tarefas ou atribuições nessas áreas (Christensen et al., 2018).

Exercícios resolvidos

O planejamento estratégico realizado de forma adequada é um ótimo aliado na construção e manutenção da imagem pessoal, pois pode auxiliar em diversos aspectos, como alcance dos objetivos, visibilidade da imagem e determinação dos valores, tudo isso em busca de um bom posicionamento dessa imagem também como fator de diferenciação. Diante disso, analise as afirmativas a seguir e marque V para as verdadeiras e F para as falsas.

( ) Um dos aspectos que devem ser analisados no planejamento estratégico se refere aos valores, pois, quando decidimos algo que não esteja em conformidade com eles, acabamos nos sentindo desconfortáveis.

( ) Depois de realizado o planejamento estratégico, ele não pode ser modificado em nenhuma hipótese, pois, se isso acontecer, ele pode demonstrar fragilidade e não consistência.
( ) A estratégia correta é aquela que acumula o melhor da pessoa com o lado mais favorável do espaço que a cerca, em que existe o aproveitamento do que se tem à disposição para fazer acontecer.
( ) Por meio do planejamento estratégico, é possível identificar a missão e a visão, ou seja, para que a imagem existe e de que modo ela quer ser reconhecida no futuro.

Agora, assinale a alternativa que apresenta a sequência correta:

a) V, V, F, F.
b) V, F, F, F.
c) V, V, F, V.
d) F, V, F, V.
e) V, F, V, V.

GABARITO: E

***Feedback* do exercício em geral**: Apenas a segunda afirmativa está incorreta. O planejamento estratégico deve ser revisto sempre que necessário para as devidas adaptações, pois, muitas vezes, aparecem elementos inesperados no meio do caminho que exigem modificações nesse planejamento. Por isso, deve-se saber prever, identificar e lidar com os elementos inesperados, porquanto é fundamental para o seu sucesso.

> O planejamento deve conter diversos aspectos, sendo um deles os valores, que devem condizer com quem realmente a pessoa é, transmitir sua personalidade e sua identidade. Sua estratégia deve contemplar seus pontos positivos como fator de destaque, fazendo assim com que sejam aproveitados a seu favor. O planejamento estratégico é muito importante para a construção da imagem, e seus aspectos, como visão e missão, vão auxiliar no rumo que será tomado para a consecução dos objetivos. Nesse sentido, compreender a razão da existência da imagem e como ela quer ser reconhecida no futuro demonstra que existe um alvo a ser alcançado a partir da autocompreensão.

Dentro do planejamento estratégico uma pergunta a se fazer é essencial: Aonde você quer chegar? A resposta a essa indagação pode alterar o futuro, no entanto, essa resposta não é tão fácil e, muitas vezes, não conhecida. O que irá guiar o planejamento da imagem são os seus objetivos e suas metas. Por meio deles, poderão ser considerados os investimentos que serão imprescindíveis, explana Correia (2017).

O propósito deve estar muito bem estabelecido e alinhado com os objetivos pessoais a curto e longo prazos, só assim poderá determinar uma identidade consistente e com valor acrescentado. Na maioria das vezes, os planos falham por ausência de consistência. Se começar por definir muito bem a raiz da sua identidade, todo o resto se tornará muito mais fácil (Afonso; Alvarez, 2020).

Reis e Mazulo (2020) afirmam que traçar um objetivo demonstra o indicado na figura adiante.

Figura 6.10 – Objetivos traçados

- Clareza em relação às prioridades
- Senso de direção
- Perspectiva de futuro
- Exato aproveitamento das experiências

Por meio de objetivos claros e bem definidos, têm-se uma visão de onde se quer chegar e do posicionamento que se quer ter diante do mercado e do público-alvo.

Melo et al. (2014) entendem que a estratégia deve se preocupar com o posicionamento pessoal. Esse posicionamento compreende um conjunto de comportamentos e atitudes que, reunidos, auxiliam na construção de uma imagem condizente com os objetivos que o profissional deseja alcançar, ou seja, é uma ferramenta a ser empregada para manter, fidelizar e conquistar clientes, trabalhos e empregos.

Dessa forma, você vai conquistar e manter pessoas, trabalhos e empregos. Não estamos falando aqui, simplesmente, em autopromoção, como uma maneira de disfarçar incompetências; pelo contrário, o fundamental é possuir competências e ressaltar as qualidades que fazem você diferente dos demais (Curado, 2016).

Além disso, o posicionamento pessoal deve estar associado a uma boa estratégia de comunicação, de forma que o mercado perceba suas competências e, assim, você consiga vantagem competitiva. Percepção é tudo. Perceber como as pessoas nos veem, o que falam de nós e como desejamos ser lembrados nos põe em uma posição de vantagem em relação aos outros profissionais. Comunicar-se bem é importante, mas nosso exemplo pessoal é essencial, pois as ações são a realização. Palavras sem ação não levarão você a novos caminhos, esclarecem Melo et al. (2014).

Por isso, é considerado um fato decisivo no planejamento estratégico da gestão de imagem saber planejar, criar estratégias adequadas e estabelecer suportes de comunicação para a manutenção de longo prazo, sem esquecer do talento e da competência do indivíduo.

O processo de gerenciamento que acarreta o desenvolvimento da autoconsciência e do autoconhecimento examina aspectos como inteligência emocional e habilidade e análise crítica. Aprender a conciliar e balancear os fatores externos e internos é o segredo de uma gestão efetiva da imagem pessoal (Almeida, 2020).

Salgado (2019) entende que uma pessoa emocionalmente inteligente é aquela que tem a capacidade de perceber suas emoções mais facilmente e de aprender a se autodominar, ou seja, saber lidar consigo e com os outros. A incapacidade de ter esse equilíbrio afeta de forma negativa a vida do indivíduo em todas as áreas.

É muito importante, assim, saber lidar adequadamente com as emoções, pois a ausência dessa capacidade pode desencadear transtornos, estresses, assim como interferir nas relações pessoais e na produtividade.

O que é necessário ter em mente é que a estratégia certa é aquela que acumula o melhor de você com o lado mais favorável do espaço que o cerca. A estratégia adequada é aquela em que você aproveita o que tem à disposição para fazer acontecer. As funções da estratégia são determinar a direção das ações planejadas, focalizar nosso esforço e construir uma identidade que serve como uma marca que nos torna especiais, dá consistência a nossas decisões e eleva a coerência das ações e intervenções (Shinyashiki, 2007).

Síntese

» A imagem exerce poder de influência, visibilidade e confiabilidade diante da percepção daqueles que a observam. Exerce influência também no detentor da imagem, pois ela é fruto das nossas ações.
» O ecossistema pessoal é formado pelo meio em que estamos inseridos, incluindo todo o círculo pessoal, servindo de análise para as percepções da imagem pessoal e também dos quatro elementos, que são água, terra, ar e fogo, essenciais para o nosso dia a dia.
» A criação da imagem se dá de forma lenta. É possível transformar certos elementos que auxiliam de forma positiva na forma como a imagem é analisada, como aparência, linguagem corporal, comunicação verbal e não verbal.

- » Por meio da confiança, consegue-se a lealdade, e esta é alcançada pela consistência de provas de profissionalismo e competência – por exemplo, cumprir as promessas feitas.
- » Manter a imagem pessoal trata-se de um exercício diário de postura e caráter, necessitando de uma atenção constante para que todo o trabalho de construção não seja em vão.
- » Planejar de forma estratégica a gestão de imagem é a chave para impulsionar uma carreira de sucesso, pois por meio do planejamento busca-se prever o futuro dos objetivos, das metas e das estratégias que foram definidos, assim como os meios essenciais para seu alcance.
- » Por meio do planejamento estratégico, identifica-se a missão, ou seja, para que a imagem existe; a visão, que determina a forma como se quer ser percebido no futuro; e os valores, que compreendem os aspectos que orientam as decisões cotidianas.

Estudo de caso

Texto introdutório

A imagem pessoal passou a ser encarada nos últimos anos como um bem de extremo valor, por isso ela precisa de cuidados diários, os quais vão desde a sua criação até sua manutenção, pois não adianta se esforçar para criar uma boa imagem e não a conservar. Dependendo do tipo de imagem a se criar, ela pode se transformar em uma marca, que poderá ser lembrada e escolhida diante da concorrência. Em meio a um mercado tão competitivo, possuir uma marca forte é um grande diferencial.

Texto do caso

Vivemos em uma época em que existem muitas pessoas qualificadas no mercado, com bons currículos, muitas habilidades, competências e atitudes, mas que, infelizmente, não conseguem o posicionamento que tanto almejam. Buscam se qualificar cada vez mais, e mesmo assim não alcançam seus objetivos como desejam.
Em contrapartida, o mercado supercompetitivo espera por pessoas que se destaquem diante dos demais, que tenham diferenciais e saibam perceber e transmitir o seu valor por meio de sua imagem, transformando-se em uma marca pessoal.
Claudia é uma advogada que atuou por alguns anos em um grande escritório de advocacia de grande renome no mercado. Começou como estagiária quando ainda cursava Direito e, quando se formou,

logo subiu de cargo, pois desempenhava muito bem sua função. Muitos clientes do escritório a escolhiam para defender seus casos, pois ela era tida como muito eficiente, atenciosa e dedicada. Percebendo que tinha muita competência e era bem vista pelos clientes, decidiu voar mais alto e abrir seu próprio escritório poucas ruas depois do local em que trabalhava anteriormente. Pediu demissão do antigo trabalho, sendo muito elogiada pelos superiores por todo o trabalho que desempenhou. Contudo, depois de aberto o seu escritório, percebeu que seu nome era vinculado apenas ao seu antigo trabalho, pois, mesmo competente, não possuía um nome forte que a fizesse ser lembrada pelo seu público.

Diante do problema que Claudia está passando, quais as medidas que ela poderia adotar para solucioná-lo?

Resolução

Em um mercado competitivo como o atual, não basta apenas ser competente; as pessoas precisam saber quem você é. Por isso, é importante que se tenha uma marca forte no mercado, e construí-la sozinha é difícil.

Claudia precisa de um profissional que a oriente na construção da sua marca pessoal, e, para isso, ela pode buscar a ajuda de um personal branding, *que fará a gestão da sua marca pessoal por meio do mapeamento, do planejamento e da divulgação dos talentos em busca do sucesso profissional.* O personal branding *vai construir e gerenciar a marca pessoal de Claudia, buscando estratégias de posicionamento que criem relevância e diferenciação na mente do seu público por meio do desenvolvimento de competências que Claudia já possui. Ela passará a ter sua marca pessoal própria, que compreenderá sua identidade e sua imagem e não alcançará apenas seu nome, mas também tudo o que estiver associado à sua imagem, assim como as experiências dos clientes, suas percepções* e as sensações geradas no seu público. Diante disso, terá como resultado o reconhecimento pessoal e profissional, a conquista de novos clientes e a fidelização dos atuais.

Ela pode também procurar especialistas em marketing pessoal voltados para o sucesso pessoal e profissional por meio da utilização adequada de suas competências e seus atributos para utilizá-los como diferencial na promoção da sua marca pessoal, posicionando-a no mercado de trabalho. Eles a orientarão em como ela poderá transmitir uma percepção positiva acerca de si própria para o seu público, assim como dar visibilidade necessária para sua imagem e demonstrar credibilidade com o objetivo de alavancar a carreira de advogada, não mais associada a um escritório, e sim a ela mesma.

Dica 1

O branding pessoal compreende o estudo que cada indivíduo deve fazer de si próprio, identificando seus pontos fortes e fracos e, assim, aperfeiçoando os pontos que precisam ser melhorados para criar uma boa percepção nos outros.

O vídeo a seguir explica mais um pouco sobre o branding pessoal, demonstrando passos para construir você mesmo a gestão da sua marca.

LIPPEL, A. **7 etapas para construir seu branding pessoal**.
1 min. 29 set. 2020. Disponível em: <https://www.youtube.com/watch?v=9d-czOfCeDg>. Acesso em: 4 maio 2021.

Dica 2

Uma leitura complementar é a dissertação "A Marca Pessoal em contexto de carreira: a relação entre autogestão de carreira e Personal branding", que aborda a relação entre a construção da marca pessoal e sua eficaz manutenção, com a ocorrência de comportamentos de gestão e carreira no nível individual.

FERNANDES, M. P. **A marca pessoal em contexto de carreira**: a relação entre autogestão de carreira e personal branding. 39 f. Dissertação (Mestrado Integrado em Psicologia) – Universidade de Lisboa, Lisboa, 2015. Disponível em: <https://repositorio.ul.pt/bitstream/10451/20801/1/ulfpie047479_tm.pdf>. Acesso em: 4 maio 2021.

Dica 3

A leitura do artigo "Marketing Pessoal: uma ferramenta de valorização e gerenciamento da imagem pessoal e profissional" pode auxiliar você a compreender melhor a importância do marketing pessoal como ferramenta de desenvolvimento pessoal e profissional em meio a um mercado altamente competitivo.

FREITAS, E. et al. Marketing pessoal: uma ferramenta de valorização e gerenciamento da imagem pessoal e profissional. **Revista Dimensão Acadêmica**, v. 1, n. 2, p. 42-60, jul./dez. 2016. Disponível em: <https://multivix.edu.br/wp-content/uploads/2018/09/revista-dimensao-academica-v01-n02-artigo-04.pdf>. Acesso em: 4 maio 2021.

Considerações finais

A imagem pessoal é alvo de muita preocupação para aqueles que buscam posicionamento e diferenciação no mercado, principalmente com o aumento da utilização das redes sociais. Antes, apenas as empresas tinham um cuidado extremo com a imagem organizacional, mas hoje esta se estende a todos aqueles que querem se destacar pelos mais variados motivos.

As considerações introdutórias da seção inaugural deste livro expuseram a importância desse tema como um diferencial para as pessoas e as organizações e para a criação de uma marca própria, seja pessoal, seja organizacional. Foram demonstrados também alguns dos desafios enfrentados na elaboração desta obra, com destaque para a seleção dos temas (e as implicações ideológicas, filosóficas e educacionais dessa tomada de decisão) e a articulação entre saberes teóricos e práticos (reconhecendo-se que tais saberes estão em constante transformação).

Buscando superar alguns desses desafios, optamos por referenciar uma parcela significativa da literatura especializada e dos estudos científicos a respeito dos temas abordados.

Procuramos incluir momentos de maior e de menor rigor no tratamento e na apresentação das informações. Adicionamos seções e trechos dialógicos, nos quais aspiramos nos aproximar dos leitores como em uma aula expositiva, simulando reações, dúvidas e inquietações de um contexto real de sala de aula.

Por meio de reflexões e importantes referências, levantamos vários pontos indispensáveis ao aprendizado e ao entendimento de que a gestão de imagem e *personal branding* se apresenta como uma importante ferramenta de diferenciação e competitividade, contribuindo para o sucesso tanto profissional quanto pessoal por meio de um posicionamento adequado e orientações precisas sobre como manter esse sucesso, o mesmo ocorrendo para quem deseja construir uma marca pessoal.

Partindo desses aportes, acreditamos que o estudo da gestão da imagem e *personal branding* é fundamental para a compreensão da importância da imagem como diferenciação em um mercado tão competitivo e influenciado pelas mídias como o atual.

Referências

AAKER, D. **On Branding**: 20 princípios que decidem o sucesso das marcas. Tradução de Genaro Viana Galli e Francisco Araújo da Costa. Porto Alegre: Bookman, 2015.

ABRAPP – Associação Brasileira das Entidades Fechadas de Previdência Complementar. **Manual de gestão e crise de imagem**. Comissão Técnica Regional Centro-Norte de Comunicação e Marketing. Outubro/2015. Disponível em: <https://www.abrapp.org.br/produto/manual-de-gestao-de-crise-e-imagem/>. Acesso em: 4 maio 2021.

ABREU, F. **Como se tornar uma celebridade**: filosofando a imprensa. Rio de Janeiro: MF Press Global, 2020.

AFONSO, C.; ALVAREZ, S. **Ser digital**: como criar uma presença online marcante. Portugal: Casa das Letras, 2020.

AGUIAR, T. **Personal stylist**: guia para consultores de imagem. 7. ed. São Paulo: Senac, 2003.

ALMEIDA, F. **Desenvolvimento sustentável, 2012-2050**: visão, rumos e contradições. Rio de Janeiro: Elsevier, 2012.

ALMEIDA, L. H. G. **A imagem organizacional da PUC Minas**: um estudo de caso nas Unidades Barreiro, Betim, Contagem, Coração Eucarístico e São Gabriel. 118 f. Dissertação (Mestrado em Administração) – Pontifícia Universidade Católica de Minas Gerais, Belo Horizonte, 2007. Disponível em: <https://bit.ly/3jLt4cU>. Acesso em: 4 maio 2021.

ALMEIDA, L. **Psicologia fashion**: consultoria de estilo, imagem e marca pessoal. São Paulo: Dialética, 2020.

AMARAL, I. **Imagem e sucesso**: guia de protocolo para pessoas e empresas. Portugal: Casa das Letras, 2018.

ANDRADE, J. F. de. **Personal branding**: antecedentes e consequentes da marca pessoal. Dissertação (Mestrado em Marketing) – Universidade de Coimbra, Coimbra, 2019. Disponível em: <https://bit.ly/2Z8D1rE>. Acesso em: 4 maio 2021.

ANDRADE, V. A. **Autoconhecimento e o poder da marca pessoal**: para conectar pessoas e fazer negócios lucrativos. São Paulo: Dialética, 2020.

ANDRADE, W. P. de. **Gestão de crise**: reflexão e abordagem na visão do marketing. Monografia (Bacharelado em Comunicação Social) – Centro Universitário de Brasília, Brasília, 2007. Disponível em: <https://bit.ly/3rSceMD>. Acesso em: 4 maio 2021.

AREAL, L. **O que é uma imagem?** 2012. Disponível em: <https://bit.ly/3afP9Oo>. Acesso em: 4 maio 2021.

BARALDI, P. **Gerenciamento de riscos empresariais**. São Paulo: Cia. do Ebook, 2018.

BARBOSA, E. M. **Personal branding**: construção e gerenciamento da marca pessoal. 126 f. Dissertação (Mestrado em Branding e Design de Moda) – Universidade da Beira Anterior, Lisboa, 2019. Disponível em: <https://bit.ly/37ajtaB>. Acesso em: 4 maio 2021.

BARGER, C. **O estrategista em mídias sociais**: desenvolva um programa bem-sucedido trabalhando de dentro para fora em sua empresa. Tradução de Sieben Gruppe. São Paulo: DVS, 2013.

BASTA, D. et al. **Fundamentos de marketing**. Rio de Janeiro: FGV, 2006.

BAUMAN, Z. **Identidade**: entrevista a Benedetto Vecchi. Tradução de Carlos Alberto Medeiros. Rio de Janeiro: J. Zahar, 2005.

BEDENDO, M. **Branding**: processos e práticas para a construção de valor. São Paulo: Saraiva, 2019.

BENDER, A. **Personal branding**: construindo sua marca pessoal. São Paulo: Integrare, 2009.

BENEZ, L. P. et al. Marketing pessoal. **Revista Conexão Eletrônica**, Três Lagoas, v. 14, n. 1, 2017. Disponível em: <https://bit.ly/37bDkGm>. Acesso em: 12 fev. 2021.

BORELLI, R. **Liderança e desenvolvimento de equipes**. São Paulo: Senac, 2018.

BORTOLETO, R. **Planejamento e operação em mídias sociais**. São Paulo: Senac, 2020.

BUSARELLO, R. I.; ULBRICHT, V. R. (Org.). **Práticas e geração de conhecimento frente às novas mídias**. São Paulo: Pimenta Cultural, 2014.

CAIM, F. **Gestão de produtos, serviços e marcas**. São Paulo: Senac, 2019.

CARDIA, W. **Crise de imagem e gerenciamento de crises**: os conceitos e os meios necessários para compreender os elementos que levam às crises e como administrá-las. Rio de Janeiro: Mauad X, 2015.

CARRIERI, A. de P.; ALMEIDA, A. L. de C.; FONSECA, E. Imagem organizacional: um estudo de caso sobre a PUC Minas. **Administração em Diálogo**, São Paulo, n. 6, p. 23-35, 2004. Disponível em: <https://bit.ly/3jHNWSq>. Acesso em: 4 maio 2021.

CHRISTENSEN, C. M. et al. **Gerenciando a si mesmo**: artigos fundamentais da Harvard Business Review sobre como administrar a própria carreira. Tradução de HBR Harvard Business Review Brasil. Rio de Janeiro: Sextante, 2018.

CHURCHILL JR., G. A.; PETER, J. P. **Marketing**: criando valor para os clientes. Tradução de Cecília C. Bartalotti e Cid Knipel Moreira. 3. ed. São Paulo: Saraiva, 2012.

CIPRIANI, F. **Estratégia em mídias sociais**: como romper o paradoxo das redes sociais e tornar a concorrência irrelevante. Rio de Janeiro: Elsevier, 2011.

COBRA, M.; BREZZO, R. **O novo marketing**. Rio de Janeiro: Elsevier, 2010.

CORRÊA, R. **Comunicação integrada de marketing**: uma visão global. São Paulo: Saraiva, 2006.

CORREIA, T. S. Gestão da marca pessoal na visão de empresários do segmento da moda de Teixeira de Freitas, BA. **Revista Mosaicum**, n. 25, 2017. Disponível em: <https://bit.ly/3qh1KpA>. Acesso em: 4 maio 2021.

COUTINHO, I.; LEAL, P. R. F. **Identidades midiáticas**. Rio de Janeiro: E-Papers, 2009.

COUTINHO, I.; SILVEIRA JR., P. M. da. (Org.). **Comunicação**: tecnologia e identidade. Rio de Janeiro: Mauad X, 2007.

COUTO, L-E. D.; MACEDO-SOARES, T. D. L. V. A. de. **Três estratégias para turbinar a inteligência organizacional**. Rio de Janeiro: FGV, 2004.

CURADO, O. **A imagem revelada**: do que é feito e como construir o nosso patrimônio mais valioso. São Paulo: E-Galáxia, 2016.

DAMÁSIO, A. **O mistério da consciência**. Tradução de Laura Teixeira Motta. São Paulo: Cia. das Letras, 2000.

DAVIDSON, J. **Faça seu marketing pessoal e profissional**. Tradução de Marcos Malvezzi Leal. São Paulo: Madras, 2000.

DIAS, A. F. F.; SILVA, T. Y. T. da; RAMOS, F. de S. Marketing pessoal: uma análise sobre a ferramenta e a sua importância em modelos de contratações atuais. **Revista Empreenda UniToledo**, Araçatuba, v. 1, n. 1, p. 4-16, jul./dez. 2017. Disponível em: <http://www.ojs.toledo.br/index.php/gestaoetecnologia/article/view/2621/207>. Acesso em: 4 maio 2021.

DICIO – Dicionário Online de Português. **Ecossistema**. Disponível em: <https://www.dicio.com.br/ecossistema/>. Acesso em: 4 maio 2021a.

DICIO – Dicionário Online de Português. **Empatia**. Disponível em: <https://www.dicio.com.br/empatia/>. Acesso em: 2 jun. 2021b.

DICIO – Dicionário Online de Português. **Imagem**. Disponível em: <https://bit.ly/3u30U5c>. Acesso em: 4 maio 2021c.

DORNELLES, S. M. G. (Org.). **Relações públicas**: planejamento e comunicação. Porto Alegre: EdiPUCRS, 2012.

DUARTE, G. **Dicionário de administração e negócios**. Rio de Janeiro: Kindle Book Br., 2011.

FERRARA, L. D. **Espaços comunicantes**. São Paulo: Annablume, 2007.

FORNI, J. J. **Gestão de crises e comunicação**. São Paulo: Atlas, 2013.

FORNI, J. J. **Gestão de crises e comunicação**: o que os gestores e profissionais de comunicação precisam saber para enfrentar crises corporativas. 3. ed. São Paulo: Atlas, 2019.

FREITAS, M. B. R. de; MACHADO NETO, M. M. **Marca**: do marketing ao balanço financeiro – a questão da atribuição de valor financeiro ao mais relevante dos ativos intangíveis. Rio de Janeiro: EdUERJ, 2015.

FROSSARD, S. **O planejamento na gestão de organizações que atuam com políticas sociais**. Curitiba: Appris, 2020.

GARAY, R. **Poder da imagem**. [S.l.]: 36Linhas, 2019. E-book Kindle.

GRZESZCZESZYN, G.; VIEIRA, F. G. D. **Imagem organizacional**: uma análise comparativa da imagem desejada por supermercados e da imagem percebida por consumidores. Simpósio de Excelência em Gestão e Tecnologia – SEGeT, 6., 2009, Resende. Disponível em: <https://bit.ly/3b1ebzf>. Acesso em: 4 maio 2021.

HAWKINS, D. I.; MOTHERSBAUGH, D. L. **Comportamento do consumidor**: construindo a estratégia de marketing. Tradução de Paula Santos Diniz. Rio de Janeiro: Elsevier, 2018.

INDRIUNAS, L. **Prevenção e gestão de crises**: preparando empresas para os desafios da comunicação. São Paulo: Senac, 2020.

JUE, A. L.; MARR, J. A.; KASSOTAKIS, M. E. **Mídia sociais nas empresas**: colaboração, inovação, competitividade e resultados. Tradução de Tarsila Kruse. São Paulo: Évora, 2010.

KAMIZATO, K. K. **Imagem pessoal e visagismo**. São Paulo: Érica, 2014.

KERIN, R. A. et al. **Marketing**. 8. ed. Porto Alegre: AMGH, 2011.

KOTLER, P.; KELLER, K. L. **Administração de marketing**. Tradução de Sônia Midori Yamamoto. 12. ed. São Paulo: Pearson, 2006.

KUNSCH, M. M. K. (Org.). **Comunicação organizacional**: histórico, fundamentos e processos. São Paulo: Saraiva, 2009. v. 1.

KUNSCH, M. M. K. **Planejamento de relações públicas na comunicação integrada**. 4. ed. São Paulo: Summus, 2003.

LAITMAN, M. **Cabala, ciência e o significado da vida**. New York: Laitman Kabbalah Publishers, 2006.

LEMOS, F. D. de et al. Gestão comunicacional de crises e imagem corporativa: uma relação de interferências na realidade da organização adventista. **Revista Dispositiva**, v. 7, n. 12, 2017. Disponível em: <https://bit.ly/3jl3Hsw>. Acesso em: 3 maio 2021.

LENZI, F. C.; KIESEL. M. D.; ZUCCO, F. D. (Org.). **Ação empreendedora**: como desenvolver e administrar o seu negócio com excelência. São Paulo: Gente, 2010.

LEWIS, A. **Marketing de mídia social 2019, 2020 e além**. 2019. Babelcube. Ebook Kindle.

LIMA, A. **Segurança empresarial**: o que você precisa saber. São Paulo: Clube dos Autores, 2019.

LIMEIRA, T. M. V. **Comportamento do consumidor brasileiro**. 2. ed. São Paulo: Saraiva, 2016.

LUCINDA, M. A. **Planejamento estratégico pessoal**: as ferramentas da administração de empresas para o seu sucesso profissional. Porto Alegre: Simplíssimo, 2015.

MAÇÃES, M. A. R. **Manual de gestão moderna**: teoria e prática. 2. ed. Lisboa: Actual, 2018.

MARCHIORI, M. (Org.). **Contexto organizacional midiatizado**. São Caetano do Sul: Difusão, 2014.

MARCHIORI, M. (Org.). **Estudos organizacionais em interface com cultura**. São Caetano do Sul: Difusão, 2013.

MARCONDES FILHO, C. **Dicionário da comunicação**. São Paulo: Paulus, 2014.

MARQUES, L.; AGUIAR, H. V. **Etiqueta 3.0**: você on-line e off-line. São Paulo: Évora, 2011.

MARTINUZZO, J. A. **Seis questões fundamentais da comunicação organizacional estratégica em rede**. Rio de Janeiro: Mauad X, 2013.

MATTEU, D. de; OGATA, M.; SITA, M. (Coord.). **Treinamentos comportamentais**: grandes especialistas ensinam como despertar o seu potencial criativo. São Paulo: Ser Mais Ltda., 2012.

MAZULO, R.; REIS, J. **Gestão de imagem**: propósito, plano de carreira e êxito profissional. São Paulo: Senac, 2020.

MCCASKEY, M. B. As mensagens ocultas que os gerentes enviam. In: HARVARD BUSINESS REVIEW. **Comunicação nas empresas**: Effective Communication. Tradução de Marylene Pinto Michael. Rio de Janeiro: Campus, 2001.

MEIRA, M. R.; SILVA, U. R. da. Cultura visual, ensino da arte e cotidiano: hibridismos e paradoxos. **Revista Visualidades**, Goiânia, v. 11, n. 2, p. 37-57, jul./dez. 2013. Disponível em: <https://bit.ly/37qCYft>. Acesso em: 4 maio 2021.

MELO, E. B. **Gestão de marketing e branding**: a arte de desenvolver e gerenciar marcas. Rio de Janeiro: Alta Books. 2014.

MELO, L. R. D. de. **Comunicação empresarial**. Curitiba: Iesde Brasil, 2012.

MELO, P. et al. **Marketing pessoal e empregabilidade**: do planejamento de carreira ao networking. São Paulo: Érica, 2014.

MONTOYA, P.; VANDEHEY, T. **A marca chamada você**: crie uma marca pessoal de destaque e expanda seus negócios. São Paulo: DVS, 2010.

MOURA, I. N. M. **A importância da construção do Personal branding na geração millennial**. Coimbra. 2017. Disponível em: <https://bit.ly/3ad6AOU>. Acesso em: 4 maio 2021.

NASCIMENTO, A.; LAUTERBORN, R. **Os 4 Es do marketing e branding**: evolução de conceitos e contextos até a era da marca como ativo intangível. 2. ed. Rio de Janeiro: Elsevier, 2007.

OLIVEIRA, C. de. **Comunicação integrada**. São Paulo: Senac, 2020.

OLIVEIRA, I. L.; MARCHIORI, M. **Redes sociais, comunicação, organizações**. São Caetano do Sul: Difusão, 2019.

OLIVEIRA, R. N. A. de. **Gestão estratégica de marcas próprias**. 2. ed. Rio de Janeiro: Brasport, 2008.

OSHIRO, A. L. de A. **Reputação, norma, ativo, confiança e a gestão virtuosa integradora**. Porto Alegre: Buqui, 2016.

PALMEIRA, R. **Etiqueta empresarial e marketing pessoal**. Rio de Janeiro: Alta Books, 2014.

PESSOA, L. A. de S. As imagens e o imaginário na sociedade contemporânea: uma breve reflexão a partir do filme O quarto de Jack. In: CONGRESSO DE CIÊNCIAS DA COMUNICAÇÃO NA REGIÃO CENTRO-OESTE, 20., 2018, Campo Grande. **Anais...** Campo Grande: Intercom, 2018. Disponível em: <https://bit.ly/3dfI5T4>. Acesso em: 4 maio 2021.

PIMENTA, A. **Produtos de marcas famosas que deram errado**. Disponível em: <https://bit.ly/3rN9ksj>. Acesso em: 4 maio 2021.

PRADO, E. **Gestão de reputação**: riscos, crise e imagem corporativa. São Paulo: Aberje, 2017.

QUINTEIRO, E. A. **Um sensível olhar sobre o terceiro setor**. São Paulo: Summus, 2006.

RAMALHO, J. **Você é sua melhor marca**: como o marketing pode ser utilizado para transformar a sua vida. 10. ed. Rio de Janeiro: Alta Books. 2015.

RAMOS, T. O. **Comunicação integrada e marketing digital**. São Paulo: Senac, 2019.

REIS, J.; MAZULO, R. **Gestão de imagem**: propósito, plano de carreira e êxito profissional. São Paulo: Senac, 2020.

REIS, L. **Sucesso na gestão da marca pessoal no facebook**: branding pessoal. Porto: Vida Económica, 2015.

RITOSSA, C. M. **Marketing pessoal**: quando o produto é você. Curitiba: Ibpex, 2009.

RIZZO, C. **Marketing pessoal no contexto pós-moderno**. 3. ed. São Paulo: Trevisan, 2011.

RIZZO, C. **Marketing pessoal no contexto pós-moderno**. 4. ed. São Paulo: Trevisan, 2017.

ROSA, M. **A era do escândalo**: lições, relatos e bastidores de quem viveu as grandes crises de imagem. 2. ed. São Paulo: Geração, 2007.

SABBAG, P. Y. **Inovação, estratégia, empreendedorismo e crise.** Rio de Janeiro: Alta Books, 2018.

SALGADO, S. **Inteligência emocional feminina.** São Paulo: Literare Books International, 2019.

SANTAELLA, L. **Leitura de imagens.** São Paulo: Melhoramentos, 2012. (Coleção Como Ensino).

SANTAELLA, L.; NÖTH, W. **Imagem**: cognição, semiótica, mídia. São Paulo: Iluminuras, 2020.

SANTIAGO, M. P. **Gestão de marketing.** Curitiba: Iesde Brasil, 2008.

SANTOS, L. **Marketing pessoal e sucesso profissional.** Campo Grande: UCDB, 2002.

SAUERBRONN, J. F. R. **Comunicação integrada de marketing.** Rio de Janeiro: FGV, 2014.

SCHULER, M. (Cord.). **Comunicação estratégica.** São Paulo: Atlas, 2004.

SHIMP, T. A.; CRESCITELLI, E. **Comunicação de marketing**: integrando propaganda, promoção e outras formas de divulgação. São Paulo: Cengage Learning, 2012.

SHINYASHIKI, R. **Os segredos dos campeões.** São Paulo: Gente, 2007.

SILVA NETO, B. R. da (Coord.). **Comunicação corporativa e reputação**: construção e defesa da imagem favorável. São Paulo: Saraiva, 2010.

SILVA, D. P. **O impacto do Personal branding na reputação pessoal.** 2016. Disponível em: <https://bit.ly/3aYY713>. Acesso em: 4 maio 2021.

SILVA, P. F. **A Imagem de uma organização como fator imprescindível para o sucesso.** In: CONGRESSO BRASILEIRO DE CIÊNCIAS DA COMUNICAÇÃO, 31., 2008, Natal. Disponível em: <https://bit.ly/3b27tcm>. Acesso em: 4 maio 2021.

SILVA, P. A. da et al. Marketing pessoal na organização. **Conexão Ciência**, Formiga, v. 8, n. 1, p. 20-40, jan./jun. 2013. Disponível em: <https://bit.ly/3advyoE>. Acesso em: 4 maio 2021.

SILVA, V. **Marketing pessoal e vendas, chefia e liderança, telemarketing, comunicação e expressão verbal**. Joinville: Clube dos Autores, 2014.

SIQUEIRA, A. C. B. **Marketing empresarial, industrial e de serviços**. São Paulo: Saraiva, 2005.

TAPAJÓS, R. **Relacionamento**: você e suas relações pessoais. 2. ed. São Paulo: Senac, 2020.

TAVARES, F. **Gestão da marca**: estratégia e marketing. Rio de Janeiro: E-Papers Serviços Editoriais Ltda., 2003.

TEIXEIRA, P. B. **Gestão e gerenciamento de crises na sociedade do risco**: a construção midiática dos riscos alimentares e seus impactos sobre diferentes públicos. 169 f. Dissertação (Mestrado em Comunicação) – Faculdade Cásper Líbero, São Paulo, 2011. Disponível em: <https://bit.ly/3tPz7lw>. Acesso em: 4 maio 2021.

TERRA, C. F. **Mídias sociais... e agora?** O que você precisa saber para implementar um projeto de mídias sociais. São Caetano do Sul: Difusão, 2017.

TOMANINI, C. **Na trilha do sucesso**: vença num mercado que caminha com você, sem você ou apesar de você. São Paulo: Gente, 2009.

TYBOUT, A. M.; CALKINS, T. (Org.). **Branding**: gestão de marcas. São Paulo: Saraiva, 2018.

WALTRICK, H. **Brand Target**: diferentes estratégias para a marca alcançar o alvo. Florianópolis: Clube de Autores, 2015.

WANDERSMAN, A. **E se você fosse uma marca?** Torne-se a primeira opção do seu mercado e conquiste seguidores fiéis através do branding pessoal. Rio de Janeiro: Alta Books, 2015.

XAVIER, J. T. de P. **Marketing**: fundamentos e processos. Curitiba: Iesde Brasil, 2009.

YANAZE, M. H. **Gestão de marketing e comunicação**: avanços e aplicações. 2. ed. São Paulo: Saraiva, 2011.

Bibliografia comentada

AFONSO, C.; ALVAREZ, S. **Ser digital**: como criar uma presença online marcante. Portugal: Casa das Letras, 2020.

A transformação digital é uma realidade, e os autores descrevem em seu livro como ela influencia a comunicação, os negócios e a sociedade em um meio que só cresce. Explicam que atualmente existe a identidade digital, a qual precisa de uma reputação digital da marca, que abrange não apenas empresas, mas pessoas que querem se destacar de alguma forma e que precisam de uma presença on-line marcante. Esse livro é indicado não apenas para as pessoas que pretendem iniciar sua vida digital, mas também para aqueles que já a iniciaram e buscam consolidar sua imagem nesse meio.

CARDIA, W. **Crise de imagem e gerenciamento de crises**: os conceitos e os meios necessários para compreender os elementos que levam às crises e como administrá-las. Rio de Janeiro: Mauad X, 2015.

Livro que retrata causas e consequências de uma possível crise de imagem, ensinando a gerenciar, minimizar e até mesmo superar essas crises. Trata também da influência exercida pela mídia nesses momentos e a importância de uma boa comunicação para a redução dos efeitos de uma crise.

GARAY, R. **Poder da imagem**. [S.l.]: 36Linhas, 2019. E-book Kindle.

O autor aborda nesse livro conceitos iniciais sobre imagem, seu valor, resumos históricos, como se constrói uma imagem e suas faces. Descreve ainda a relação da imaginação com a imagem e o impacto causado por elas na sociedade. Assim, aborda pontos fundamentais para a compreensão do significado e da importância da imagem nos dias atuais.

MONTOYA, P.; VANDEHEY, T. **A marca chamada você**: crie uma marca pessoal de destaque e expanda seus negócios. São Paulo: DVS, 2010.

Em sua primeira parte, esse livro aborda o DNA de uma marca pessoal, explicando para que se deve criar uma marca e como funciona a criação de marcas pessoais. Na terceira parte, descreve-se como deve ser a anatomia de uma marca pessoal, abrangendo a identidade, a internet e as relações públicas. Trata-se de uma excelente fonte de informação para a criação da marca pessoal, pois discute temas essenciais à imagem pessoal.

RIZZO, C. **Marketing pessoal no contexto pós-moderno**. 4. ed. São Paulo: Trevisan, 2017.

Nesse livro, o autor apresenta situações a que o indivíduo se submete por causa de eventos característicos de um ambiente consumista. Mostra também como o marketing é utilizado no ambiente competitivo, evidenciando elementos que devem existir para que a pessoa se prepare para esse ambiente como forma de crescimento pessoal e profissional.

Sobre as autoras

Elaine Christine Pessoa Delgado é Administradora formada pela Universidade Federal de Campina Grande (UFCG). É pós-graduada em Direito Administrativo pela Faculdade Campos Elíseos. Trabalhou como gerente de empresa por quase 10 anos. Atualmente, é professora conteudista da Modular Criativo.

Giselly Santos Mendes é mestra em Qualidade Ambiental pela Universidade Feevale e graduada em Tecnologia de Polímeros, com ênfase em Gestão da Qualidade e Administração de Empresas, pelo Instituto Federal Sul-Rio-Grandense (IFSUL). Atuou na iniciação científica e no aperfeiçoamento acadêmico nas temáticas de inovação, gestão do conhecimento organizacional, gestão ambiental, sustentabilidade e inovação ambiental. Tem experiência nas áreas de garantia da qualidade, auditorias internas, processos industriais, materiais poliméricos, ensaios mecânicos e sistemas de gestão ISO 9001 e ISO 14001.

Os papéis utilizados neste livro, certificados por instituições ambientais competentes, são recicláveis, provenientes de fontes renováveis e, portanto, um meio responsável e natural de informação e conhecimento.

FSC
www.fsc.org
MISTO
Papel produzido a partir de fontes responsáveis
FSC® C103535

Impressão: Reproset
Fevereiro/2023